PELLÉAS ET MÉLISANDE

© Editions Labor, Bruxelles, 1983 ; pour la présente édition revue, 1992.

Toute reproduction d'un extrait quelconque de ce livre par quelque procédé que ce soit, et notamment par photocopie et microfilm, est interdite sans autorisation écrite de l'éditeur.

Illustration de Philippe Deltour.

Crédits photographiques A.M.L. Bruxelles et
                                      Le Nouveau Théâtre
                                      de Belgique.

Photos : Nicole Hellyn et Nicolas Treatt.

Publié avec l'aide de la Communauté française de Belgique.

Imprimé en Belgique
ISBN 2-8040-0204-7
D/1994/258/128

Maurice Maeterlinck

[handwritten: chaque nom est une répercussion mais parfaite de l'autre.]

[handwritten: déjà (lié musicalement)]

Pelléas et Mélisande

[handwritten: « c'est Pelléas : il a fleuri »]   *[handwritten: « tes yeux mon fleuris de larmes »]*

Préface de Henri Ronse
Lecture de Christian Lutaud

[handwritten: la pièce = chorégraphie]

LABOR

PRÉFACE

UNE ÉNIGME, UN MODÈLE

«Les autres symbolistes renferment et agitent un certain bric-à-brac concret de sensations et d'objets aimés par leur époque, mais Maeterlinck en émane l'âme même. Chez lui, le symbolisme n'est pas seulement un décor, mais une façon profonde de sentir.»

Antonin ARTAUD

Pelléas, c'est un rêve shakespearien 1890.

Un rêve de Maeterlinck mêlé des ombres de Shakespaere: Pelléas, c'est un peu Hamlet; Mélisande, Ophélie; Golaud, Othello; Arkël, Lear à la fin de son parcours ou, mieux, Prospero.

*Maeterlinck rêve Shakespeare et notre impuissance à habiter les grandes figures de Shakespeare: «Dans le temps, dit-il dans la **Préface** à son théâtre, le génie à coup sûr, parfois le simple et honnête talent, réussissaient à nous donner au théâtre cet arrière-plan profond, ce nuage des cimes, ce courant d'infini, tout ceci et tout cela, qui n'ayant ni nom ni forme, nous autorise à mêler nos images en en parlant, et paraît nécessaire pour que l'œuvre dramatique coule à pleins bords et atteigne son niveau idéal. Aujourd'hui, il y manque presque toujours ce troisième personnage, énigmatique, invisible mais partout présent, qu'on pourrait appeler le personnage sublime, qui, peut-être, n'est que l'idée inconsciente mais forte et convaincue que le poète se fait de l'univers et qui*

7

donne à l'œuvre une portée plus grande, je ne sais quoi qui continue d'y vivre après la mort du reste et permet d'y revenir sans jamais épuiser sa beauté. Mais convenons qu'il manque aussi à notre vie présente. Reviendra-t-il? Sortira-t-il d'une conception nouvelle et expérimentale de la justice ou de l'indifférence de la nature, d'une de ces énormes lois générales de la matière ou de l'esprit que nous commençons à peine d'entrevoir? En tout cas, gardons lui sa place. Acceptons, s'il le faut, que rien ne la vienne occuper pendant le temps qu'il mettra à se dégager des ténèbres, mais n'y installons plus de fantômes. Son attente, et son siège vide dans la vie, ont par eux-mêmes une signification plus grande que tout ce que nous pourrions asseoir sur le trône que notre patience lui réserve.»

Admirable lucidité **moderne** (au sens de Baudelaire).

Mais sous le rêve shakespearien surgit le «portrait de l'artiste». Pelléas, Golaud, Arkël n'est-ce pas le triple visage de Maeterlinck: Pelléas, le poète des «Serres chaudes»; Golaud le boxeur, le passionné des armes à feu (1); Arkël, le grand âge de la sagesse retirée, fataliste. Et dans ce parcours ne faut-il pas lire comme «blessure de mémoire», scène primitive, le portrait d'Yniold et particulièrement cette séquence du drame où Golaud, l'enfant juché sur ses épaules, contraint Yniold à voir ce que **veut** voir son esprit fou — initiation terrible.

Tel nous apparaît aujourd'hui, réchappé du bric-à-brac symboliste — auquel d'ailleurs commence à s'attacher une autre lecture (2) —, habité d'une peur sans visage — une terreur blanche — le Maeterlinck de **Pelléas**.

A la fois comme une énigme et un modèle.

Une énigme.

Pourquoi, comment cet homme double en qui font bon

*ménage le mystique et le boxeur; qui mêle Ruysbroeck, ses approches successives peuplées d' **admirables rêves endormis** avec les fastes d'Orlamonde, la vie mystérieuse des abeilles et des termites, modèles terribles d'une société totalitaire où le talent d'un grand écrivain finira de s'exténuer et la lutte, au bord de la folie, avec la conjuration des ombres et des fantômes; en qui s'allient le goût des nourritures les plus terrestres, les randonnées à motocyclette dans l'arrière-pays niçois et la subtile et raffinée simplicité des primitifs — pourquoi, dis-je, comment, cet homme-là reste-t-il aujourd'hui, par son théâtre symboliste (**La Princesse Maleine, Pelléas** et quelques pièces brèves d'un «théâtre de marionnettes» — **La Mort de Tintagiles, Intérieur, Les Aveugles** notamment — que l'orgueil d'un prix Nobel le conduira sans doute à reléguer définitivement au musée, comme d'absurdes bibelots), l'un des emblèmes, l'un des repères obligés de toute révolte contre les formes abâtardies du théâtre moderne?*

*C'est que, dans le théâtre de Maeterlinck, nous découvrons à l'évidence la forme méditative du tragique contemporain. Une force qui rend vaine toute l'agitation frénétique qui ravage nos scènes (et notre vie). Le retour du **fatum**; l'empreinte désormais muette, l'ombre du dieu terrible des Anciens. Un tragique en creux.*

Théâtre qui dispose les acteurs comme autant de monades ou de constellations brillant dans un ciel vide — avec, entre eux, le fil ténu d'une parole presque blanche et la rareté du geste arraché d'une immobilité de pierre ou de statue de bois, figures de ces temps et d'angoisse et de mort.

Théâtre de l'invisible et de l'espace intérieur, théâtre du mouvement raréfié, qui fait écho (et servit de modèle) aux découvertes scéniques de Meyerhold et de Gordon Craig; théâtre comme partition des voix, art du dessin, froide ciselure des mots qui révoque irrémédiablement *toute la fausse expressivité de l'acteur naturaliste et ses épanchements hystériques ou neurasthéniques et sa tendance à **en remettre** sur la joie ou sur la douleur. Ecriture minimale, presque neutre qui libère, par sa rigueur même, une formidable charge de rêves, une touffeur profonde, une vie léthargique, comme droguée par l'approche de l'invisible et de la mort: théâtre du dedans (comme Michaux dit ailleurs **espace du dedans**).*

*Lorsque Meyerhold, à Moscou, au début de ce siècle, a fondé le « Studio » — qui fut dans l'histoire de la mise en scène le premier grand sursaut contre le réalisme et le naturalisme envahissant du théâtre moderne — ce fut, tout naturellement, à Maeterlinck qu'il s'adressa. Il mit à l'étude et joua **La Mort de Tintagiles** (3). Et c'est toujours comme modèle et emblème d'un nouveau théâtre que Maeterlinck nous apparaît aujourd'hui. Un théâtre **intérieur**: un art de l'acteur décrassé des **manies** et des **tics** naturalistes et boulevardiers, un art de la mise en scène qui soit musique (4) du rêve et de l'inconscient, peinture physique de l'invisible.*

Henri RONSE

(1) Georgette Leblanc, sa compagne d'une époque, raconte qu'un jour dans leur maison de Paris, importuné par les miaulements d'une de ses chattes dans le jardin, il va à la fenêtre et l'abat d'un coup de pistolet entre les deux yeux. Il a la hantise des armes à feu. A Orlamonde au soir de sa vie, il attend le crépuscule dans une grande salle vide, assis sur un trône, une mitraillette sur les genoux; il sort la nuit autour de son palais accompagné de ses chiens molosses qui portent les noms diaphanes des personnages de son premier théâtre et tire sur les ombres.

(2) La redécouverte de Maeterlinck ne peut être séparée d'une relecture globale du symbolisme, en particulier de la peinture symboliste, entreprise ces dernières années et dont la meilleure illustration me semble le très beau *Journal du Symbolisme* de Robert L. Delevoy (Skira - 1977).

(3) Sur le travail de Meyerhold, ses analyses de l'art « icônique » de Maeterlinck, ses techniques d'approche du poème, du mouvement, du décor, du jeu (« le tragique avec le sourire aux lèvres »), il faut lire Vsevolod Meyerhold, *Ecrits sur le théâtre* — Tome I (1891-1917) —

notamment pp. 106 et 113 à 118. On méditera, au passage, les développements de Meyerhold sur les rapports de la *scène* et de la *littérature* : «Le nouveau théâtre naît de la littérature. Dans la rupture avec les anciennes formes dramatiques, c'est toujours à la littérature qu'est revenue l'initiative. »

(4) Il y a beaucoup à dire sur les rapports de Maeterlinck et de la musique comme de *Pelléas* et de l'opéra. Il y a Debussy bien sûr, mais aussi, sur *Pelléas*, l'extraordinaire poème symphonique de Schoenberg. C'est en ce sens que j'ai pu en 1976, mettre en scène *Pelléas* au Théâtre National de Belgique : le spectacle tout entier, sur le plan formel, tournait autour des rapports de la pièce et de cet opéra englouti qu'elle porte en elle.

Les vrais clairvoyants dans ce théâtre sont ceux qui s'en remettent à leur seule intuition : les aveugles d'abord et les enfants, les vieillards, les êtres très naïfs ou très purs qui participent directement aux forces éternelles.

⇒ puissance de suggestion mélancolique.

Pas de trame psychologique, pas de caractérisations à dominante psychologique [révolte contre le décor naturaliste = la trame de vie]. M. cherche à sonder les profondeurs de l'âme quand elle s'interroge sur sa destinée = poème dramatique fondé sur le rêve et les processus de la mort et de la passion amoureuse.

PERSONNAGES

Pas d'action, on joue ce qui est faux pour motiver, cette méditation angoissée.

ARKEL, *roi d'Allemonde.*
GENEVIÈVE, *mère de Pelléas et de Golaud.*
PELLÉAS,
GOLAUD, *petits-fils d'Arkël.*
MÉLISANDE.
Le petit YNIOLD, *fils de Golaud (d'un premier lit).*
Un médecin.
Le portier.
Servantes, pauvres, etc.

dès le départ : mystère. Le théâtre du XVIIe siècle (sous, le théâtre classique) a été tout entier fondé sur le postulat que les personnages avaient des âmes de verre ; non seulement le public "voyait" distinctement ce que pensaient les acteurs en scène, mais ces acteurs se pensaient si autant qu'ils parlaient. Le détail de leurs sentiments était couché par écrit dans le rôle

ACTE PREMIER

SCÈNE I

La porte du château *ri purification?*

LES SERVANTES, *à l'intérieur:* Ouvrez la porte! Ouvrez la porte! *un sentiment d'angoisse à créer*

LE PORTIER: Qui est là? Pourquoi venez-vous m'éveiller? Sortez par les petites portes; sortez par les petites portes; il y en a assez!...

UNE SERVANTE, *à l'intérieur:* Nous venons laver le seuil, la porte et le perron; ouvrez donc! ouvrez donc!

UNE AUTRE SERVANTE, *à l'intérieur:* Il y aura de grands événements!

TROISIÈME SERVANTE, *à l'intérieur:* Il y aura de grandes fêtes! Ouvrez vite!...

LES SERVANTES: Ouvrez donc! ouvrez donc!

LE PORTIER: Attendez! attendez! Je ne sais pas si je pourrai l'ouvrir... Elle ne s'ouvre jamais... Attendez qu'il fasse clair... *la porte ou se ... ? ...*

PREMIÈRE SERVANTE: Il fait assez clair au dehors; je vois le soleil par les fentes...

LE PORTIER: Voici les grandes clefs... Oh! comme ils grincent, les verrous et les serrures... Aidez-moi! aidez-moi!...

LES SERVANTES: Nous tirons, nous tirons...

DEUXIÈME SERVANTE: Elle ne s'ouvrira pas...

PREMIÈRE SERVANTE: Ah! ah! Elle s'ouvre! elle s'ouvre lentement!

LE PORTIER: Comme elle crie! Elle éveillera tout le monde...

prémonition annonçant l'arrivée de Mélisande. Et s'veut donné ses difficultés, les ?vénements (attendus/annoncés/prédits) seront malheureux

La clarté est au très de la mer.

DEUXIÈME SERVANTE, *paraissant sur le seuil:* Oh! qu'il fait déjà clair au dehors!

PREMIÈRE SERVANTE: Le soleil se lève sur la mer!

LE PORTIER: Elle est ouverte... Elle est grande ouverte!...

> *Toutes les servantes paraissent sur le seuil et le franchissent.*

PREMIÈRE SERVANTE: Je vais d'abord laver le seuil...

DEUXIÈME SERVANTE: Nous ne pourrons jamais nettoyer tout ceci.

D'AUTRES SERVANTES: Apportez l'eau! apportez l'eau!

LE PORTIER: Oui, oui; versez l'eau, versez toute l'eau du déluge; vous n'en viendrez jamais à bout...

SCÈNE II
Une forêt

> *On découvre Mélisande au bord d'une fontaine. — Entre Golaud.*

GOLAUD: Je ne pourrai plus sortir de cette forêt. — Dieu sait jusqu'où cette bête m'a mené. Je croyais cependant l'avoir blessée à mort; et voici des traces de sang. Mais maintenant, je l'ai perdue de vue; je crois que je me suis perdu moi-même — et mes chiens ne me retrouvent plus — je vais revenir sur mes pas... — J'entends pleurer... Oh! oh! qu'y a-t-il là au bord de l'eau?... Une petite fille qui pleure à la fontaine! *(Il tousse.)* — Elle ne m'entend pas. Je ne vois pas son visage. *(Il s'approche et touche Mélisande à l'épaule.)* Pourquoi pleures-tu? *(Mélisande tressaille, se dresse et veut fuir.)* — N'ayez pas peur. Vous n'avez rien à craindre. Pourquoi pleurez-vous, ici, toute seule?

14

MÉLISANDE: Ne me touchez pas! ne me touchez pas!

GOLAUD: N'ayez pas peur… Je ne vous ferai pas… Oh! vous êtes belle!

MÉLISANDE: Ne me touchez pas! ou je me jette à l'eau!…

GOLAUD: Je ne vous touche pas… Voyez, je resterai ici, contre l'arbre. N'ayez pas peur. Quelqu'un vous a-t-il fait du mal?

MÉLISANDE: Oh! oui! oui, oui!…

Elle sanglote profondément.

GOLAUD: Qui est-ce qui vous a fait du mal?

MÉLISANDE: Tous! tous!

GOLAUD: Quel mal vous a-t-on fait?

MÉLISANDE: Je ne veux pas le dire! je ne peux pas le dire!…

GOLAUD: Voyons; ne pleurez pas ainsi. D'où venez-vous?

MÉLISANDE: Je me suis enfuie!… enfuie.

GOLAUD: Oui; mais d'où vous êtes-vous enfuie?

MÉLISANDE: Je suis perdue!… perdue ici… Je ne suis pas d'ici… Je ne suis pas née là…

GOLAUD: D'où êtes-vous? Où êtes-vous née?

MÉLISANDE: Oh! oh! loin d'ici… loin… loin…

GOLAUD: Qu'est-ce qui brille ainsi au fond de l'eau?

MÉLISANDE: Où donc? — Ah! c'est la couronne qu'il m'a donnée. Elle est tombée tandis que je pleurais.

GOLAUD: Une couronne? — Qui est-ce qui vous a donné une couronne? — Je vais essayer de la prendre…

MÉLISANDE: Non, non; je n'en veux plus! Je préfère mourir tout de suite…

GOLAUD: Je pourrais la retirer facilement. L'eau n'est pas très profonde.

MÉLISANDE: Je n'en veux plus! Si vous la retirez, je me jette à sa place!…

15

GOLAUD: Non, non; je la laisserai là. Elle semble très belle. — Y a-t-il longtemps que vous avez fui?

MÉLISANDE: Oui… qui êtes-vous?

GOLAUD: Je suis le prince Golaud — le petit-fils d'Arkël, le vieux roi d'Allemonde…

MÉLISANDE: Oh! vous avez déjà les cheveux gris…

GOLAUD: Oui; quelques-uns, ici, près des tempes…

MÉLISANDE: Et la barbe aussi… Pourquoi me regardez-vous ainsi?

GOLAUD: Je regarde vos yeux. — Vous ne fermez jamais les yeux?

MÉLISANDE: Si, si; je les ferme la nuit…

GOLAUD: Pourquoi avez-vous l'air si étonné?

MÉLISANDE: Vous êtes un géant?

GOLAUD: Je suis un homme comme les autres…

MÉLISANDE: Pourquoi êtes-vous venu ici?

GOLAUD: Je n'en sais rien moi-même. Je chassais dans la forêt. Je poursuivais un sanglier. Je me suis trompé de chemin. — Vous avez l'air très jeune. Quel âge avez-vous?

MÉLISANDE: Je commence à avoir froid.

GOLAUD: Voulez-vous venir avec moi?

MÉLISANDE: Non, non; je reste ici…

GOLAUD: Vous ne pouvez pas rester seule. Vous ne pouvez pas rester ici toute la nuit… Comment vous nommez-vous?

MÉLISANDE: Mélisande.

GOLAUD: Vous ne pouvez pas rester ici, Mélisande. Venez avec moi…

MÉLISANDE: Je reste ici…

GOLAUD: Vous aurez peur, toute seule. Toute la nuit…, ce n'est pas possible. Mélisande, venez, donnez-moi la main…

MÉLISANDE: Oh! ne me touchez pas!…

GOLAUD: Ne criez pas… Je ne vous toucherai plus. Mais venez avec moi. La nuit sera très noire et très froide.

Venez avec moi...
   MÉLISANDE: Où allez-vous?...
   GOLAUD: Je ne sais pas... Je suis perdu aussi...

Ils sortent.

SCÈNE III
Une salle dans le château

On découvre Arkël et Geneviève.

GENEVIÈVE: Voici ce qu'il écrit à son frère Pelléas:
«Un soir, je l'ai trouvée tout en pleurs au bord d'une
fontaine, dans la forêt où je m'étais perdu. Je ne sais ni
son âge, ni qui elle est, ni d'où elle vient et je n'ose pas
l'interroger, car elle doit avoir eu une grande épouvante,
et quand on lui demande ce qui lui est arrivé, elle pleure
tout à coup comme un enfant et sanglote si profondément
qu'on a peur. Au moment où je l'ai trouvée près des
sources, une couronne d'or avait glissé de ses cheveux, et
était tombée au fond de l'eau. Elle était d'ailleurs vêtue
comme une princesse, bien que ses vêtements fussent
déchirés par les ronces. Il y a maintenant six mois que je
l'ai épousée et je n'en sais pas plus qu'au jour de notre
rencontre. En attendant, mon cher Pelléas, toi que j'aime
plus qu'un frère, bien que nous ne soyons pas nés du
même père; en attendant, prépare mon retour... Je sais
que ma mère me pardonnera volontiers. Mais j'ai peur du
roi, notre vénérable aïeul, j'ai peur d'Arkël, malgré toute
sa bonté, car j'ai déçu par ce mariage étrange, tous ses
projets politiques, et je crains que la beauté de Mélisande
n'excuse pas à ses yeux, si sages, ma folie. S'il consent
néanmoins à l'accueillir comme il accueillerait sa propre
fille, le troisième soir qui suivra cette lettre, allume une

17

lampe au sommet de la tour qui regarde la mer. Je l'apercevrai du pont de notre navire; sinon j'irai plus loin et ne reviendrai plus...» Qu'en dites-vous?

ARKEL: Je n'en dis rien. Il a fait ce qu'il devait probablement faire. Je suis très vieux et cependant je n'ai pas encore vu clair, un instant, en moi-même; comment voulez-vous que je juge ce que d'autres ont fait? Je ne suis pas loin du tombeau et je ne parviens pas à me juger moi-même... On se trompe toujours lorsqu'on ne ferme pas les yeux pour pardonner ou pour mieux regarder en soi-même. Cela nous semble étrange; et voilà tout. Il a passé l'âge mûr et il épouse, comme un enfant, une petite fille qu'il trouve près d'une source... Cela nous semble étrange, parce que nous ne voyons jamais que l'envers des destinées... l'envers même de la nôtre... Il avait toujours suivi mes conseils jusqu'ici; j'avais cru le rendre heureux en l'envoyant demander la main de la princesse Ursule... Il ne pouvait pas rester seul, et depuis la mort de sa femme il était triste d'être seul; et ce mariage allait mettre fin à de longues guerres et à de vieilles haines... Il ne l'a pas voulu. Qu'il en soit comme il l'a voulu: je ne me suis jamais mis en travers d'une destinée; et il sait mieux que moi son avenir. Il n'arrive peut-être pas d'événements inutiles...

GENEVIÈVE: Il a toujours été si prudent, si grave et si ferme... Si c'était Pelléas, je comprendrais... Mais lui... à son âge... Qui va-t-il introduire ici? — Une inconnue trouvée le long des routes... Depuis la mort de sa femme il ne vivait plus que pour son fils, le petit Yniold, et s'il allait se remarier, c'était parce que vous l'aviez voulu... Et maintenant... une petite fille dans la forêt... Il a tout oublié... — Qu'allons-nous faire?..

Entre Pelléas.

ARKEL: Qui est-ce qui entre là?

18

il y a certains détails qui se retrouvent de façon inéluctable, presque obsessionnelle

GENEVIÈVE: C'est Pelléas. Il a pleuré. *pourquoi*

ARKEL: Est-ce toi, Pelléas? — Viens un peu plus près que je te voie dans la lumière...

PELLÉAS: Grand-père, j'ai reçu, en même temps que la lettre de mon frère, une autre lettre; une lettre de mon ami Marcellus... Il va mourir et il m'appelle. Il voudrait me voir avant de mourir...

ARKEL: Tu voudrais partir avant le retour de ton frère? — Ton ami est peut-être moins malade qu'il ne le croit...

PELLÉAS: Sa lettre est si triste qu'on voit la mort entre les lignes... Il dit qu'il sait exactement le jour où la fin doit venir... Il me dit que je puis arriver avant elle si je veux, mais qu'il n'y a plus de temps à perdre. Le voyage est très long et si j'attends le retour de Golaud, il sera peut-être trop tard...

ARKEL: Il faudrait attendre quelque temps cependant... Nous ne savons pas ce que ce retour nous prépare. Et d'ailleurs ton père n'est-il pas ici, au-dessus de nous, plus malade peut-être que ton ami... Pourras-tu choisir entre le père et l'ami?...

Il sort.

GENEVIÈVE: Aie soin d'allumer la lampe dès ce soir, Pelléas...

Ils sortent séparément.

SCÈNE IV
Devant le château *entouré de l'océan et des forêts*

Entrent Geneviève et Mélisande.

MÉLISANDE: Il fait sombre dans les jardins. Et quelles forêts, quelles forêts tout autour des palais!...

le rôle des forêts est de créer une atmosphère oppressante et étrange par leur profondeur, leur richesse, leur obscurité

GENEVIÈVE: Oui; cela m'étonnait aussi quand je suis arrivée, et cela étonne tout le monde. Il y a des endroits où l'on ne voit jamais le soleil. Mais l'on s'y fait si vite... Il y a longtemps... Il y a près de quarante ans que je vis ici... Regardez de l'autre côté, vous aurez la clarté de la mer...

MÉLISANDE: J'entends du bruit au-dessous de nous...

GENEVIÈVE: Oui; c'est quelqu'un qui monte vers nous... Ah! c'est Pelléas... Il semble encore fatigué de vous avoir attendue si longtemps...

MÉLISANDE: Il ne nous a pas vues.

GENEVIÈVE: Je crois qu'il nous a vues, mais il ne sait ce qu'il doit faire... Pelléas, Pelléas, est-ce toi?

PELLÉAS: Oui!... Je venais du côté de la mer...

GENEVIÈVE: Nous aussi; nous cherchions la clarté. Ici, il fait un peu plus clair qu'ailleurs; et cependant la mer est sombre.

PELLÉAS: Nous aurons une tempête cette nuit. Nous en avons souvent... et cependant la mer est si calme ce soir... On s'embarquerait sans le savoir et l'on ne reviendrait plus.

MÉLISANDE: Quelque chose sort du port...

PELLÉAS: Il faut que ce soit un grand navire... Les lumières sont très hautes, nous le verrons tout à l'heure quand il entrera dans la bande de clarté...

GENEVIÈVE: Je ne sais si nous pourrons le voir... il y a une brume sur la mer...

PELLÉAS: On dirait que la brume s'élève lentement...

MÉLISANDE: Oui; j'aperçois, là-bas, une petite lumière que je n'avais pas vue...

PELLÉAS: C'est un phare; il y en a d'autres que nous ne voyons pas encore.

MÉLISANDE: Le navire est dans la lumière... Il est déjà bien loin...

PELLÉAS: C'est un navire étranger. Il me semble plus grand que les nôtres...

20

MÉLISANDE: C'est le navire qui m'a menée ici!...

PELLÉAS: Il s'éloigne à toutes voiles...

MÉLISANDE: C'est le navire qui m'a menée ici. Il a de grandes voiles... Je le reconnais à ses voiles...

PELLÉAS: Il aura mauvaise mer cette nuit...

MÉLISANDE: Pourquoi s'en va-t-il?... On ne le voit presque plus... Il fera peut-être naufrage...

PELLÉAS: La nuit tombe très vite...

Un silence.

GENEVIÈVE: Personne ne parle plus?... Vous n'avez plus rien à vous dire?... Il est temps de rentrer. Pelléas, montre la route à Mélisande. Il faut que j'aille voir, un instant, le petit Yniold.

Elle sort.

PELLÉAS: On ne voit plus rien sur la mer...

MÉLISANDE: Je vois d'autres lumières.

PELLÉAS: Ce sont les autres phares... Entendez-vous la mer?... C'est le vent qui s'élève... Descendons par ici. Voulez-vous me donner la main?

MÉLISANDE: Voyez, voyez, j'ai les mains pleines de fleurs et de feuillages.

PELLÉAS: Je vous soutiendrai par le bras, le chemin est escarpé et il y fait très sombre... Je pars peut-être demain...

MÉLISANDE: Oh!... pourquoi partez-vous?

Ils sortent.

ACTE DEUXIÈME

SCÈNE I
Une fontaine dans le parc

Entrent Pelléas et Mélisande.

PELLÉAS: Vous ne savez pas où je vous ai menée? — Je viens souvent m'asseoir ici, vers midi, lorsqu'il fait trop chaud dans les jardins. On étouffe, aujourd'hui, même à l'ombre des arbres.

MÉLISANDE: Oh! l'eau est claire...

PELLÉAS: Elle est fraîche comme l'hiver. C'est une vieille fontaine abandonnée. Il paraît que c'était une fontaine miraculeuse, — elle ouvrait les yeux des aveugles. — On l'appelle encore la «fontaine des aveugles».

MÉLISANDE: Elle n'ouvre plus les yeux?

PELLÉAS: Depuis que le roi est presque aveugle lui-même, on n'y vient plus...

MÉLISANDE: Comme on est seul ici... On n'entend rien.

PELLÉAS: Il y a toujours un silence extraordinaire... On entendrait dormir l'eau... Voulez-vous vous asseoir au bord du bassin de marbre? Il y a un tilleul que le soleil ne pénètre jamais...

MÉLISANDE: Je vais me coucher sur le marbre. — Je voudrais voir le fond de l'eau...

PELLÉAS: On ne l'a jamais vu. — Elle est peut-être aussi profonde que la mer. — On ne sait d'où elle vient. — Elle vient peut-être du centre de la terre...

MÉLISANDE: Si quelque chose brillait au fond, on le verrait peut-être...

22

PELLÉAS: Ne vous penchez pas ainsi…

MÉLISANDE: Je voudrais toucher l'eau…

PELLÉAS: Prenez garde de glisser… Je vais vous tenir la main…

MÉLISANDE: Non, non, je voudrais y plonger mes deux mains… on dirait que mes mains sont malades aujourd'hui…

PELLÉAS: Oh! oh! prenez garde! prenez garde! Mélisande!… Mélisande!… — Oh! votre chevelure!…

MÉLISANDE, *se redressant:* Je ne peux pas, je ne peux pas l'atteindre.

PELLÉAS: Vos cheveux ont plongé dans l'eau…

MÉLISANDE: Oui, oui; ils sont plus longs que mes bras… Ils sont plus longs que moi…

Un silence.

PELLÉAS: C'est au bord d'une fontaine aussi, qu'il vous a trouvée?

MÉLISANDE: Oui…

PELLÉAS: Que vous a-t-il dit?

MÉLISANDE: Rien; — je ne me rappelle plus…

PELLÉAS: Etait-il tout près de vous?

MÉLISANDE: Oui; il voulait m'embrasser…

PELLÉAS: Et vous ne vouliez pas?

MÉLISANDE: Non.

PELLÉAS: Pourquoi ne vouliez-vous pas?

MÉLISANDE: Oh! oh! j'ai vu passer quelque chose au fond de l'eau…

PELLÉAS: Prenez garde! prenez garde! — Vous allez tomber! — Avec quoi jouez-vous?

MÉLISANDE: Avec l'anneau qu'il m'a donné…

PELLÉAS: Prenez garde; vous allez le perdre…

MÉLISANDE: Non, non, je suis sûre de mes mains…

PELLÉAS: Ne jouez pas ainsi, au-dessus d'une eau si profonde…

MÉLISANDE: Mes mains ne tremblent pas.

23

PELLÉAS: Comme il brille au soleil! — Ne le jetez pas si haut vers le ciel…

MÉLISANDE: Oh!…

PELLÉAS: Il est tombé?

MÉLISANDE: Il est tombé dans l'eau!…

PELLÉAS: Où est-il?

MÉLISANDE: Je ne le vois pas descendre…

PELLÉAS: Je crois que je le vois briller…

MÉLISANDE: Où donc?

PELLÉAS: Là-bas,… là-bas…

MÉLISANDE: Oh! qu'il est loin de nous!… non, non, ce n'est pas lui,… ce n'est plus lui… Il est perdu… Il n'y a plus qu'un grand cercle sur l'eau… Qu'allons-nous faire? Qu'allons-nous faire maintenant?…

PELLÉAS: Il ne faut pas s'inquiéter ainsi pour une bague. Ce n'est rien… nous la retrouverons peut-être. Ou bien nous en trouverons une autre…

MÉLISANDE: Non, non; nous ne la retrouverons plus, nous n'en trouverons pas d'autres non plus… Je croyais l'avoir dans les mains cependant… J'avais déjà fermé les mains, et elle est tombée malgré tout… Je l'ai jetée trop haut, du côté du soleil…

PELLÉAS: Venez, venez, nous reviendrons un autre jour… venez, il est temps. On pourrait nous surprendre… Midi sonnait au moment où l'anneau est tombé…

MÉLISANDE: Qu'allons-nous dire à Golaud s'il demande où il est?

PELLÉAS: La vérité, la vérité, la vérité…

Ils sortent.

SCÈNE II
Un appartement dans le château

On découvre Golaud étendu sur son lit; Mélisande est à son chevet.

GOLAUD: Ah! ah! tout va bien, cela ne sera rien. Mais je ne puis m'expliquer comment cela s'est passé. Je chassais tranquillement dans la forêt. Mon cheval s'est emporté tout à coup, sans raison. A-t-il vu quelque chose d'extraordinaire?... Je venais d'entendre sonner les douze coups de midi. Au douzième coup, il s'effraie subitement, et court, comme un aveugle fou, contre un arbre. Je n'ai plus rien entendu. Je ne sais plus ce qui est arrivé. Je suis tombé, et lui doit être tombé sur moi. Je croyais avoir toute la forêt sur la poitrine; je croyais que mon cœur était écrasé. Mais mon cœur est solide. Il paraît que ce n'est rien...

MÉLISANDE: Voulez-vous boire un peu d'eau?

GOLAUD: Merci, merci; je n'ai pas soif.

MÉLISANDE: Voulez-vous un autre oreiller?... Il y a une petite tache de sang sur celui-ci.

GOLAUD: Non, non; ce n'est pas la peine. J'ai saigné de la bouche tout à l'heure. Je saignerai peut-être encore.

MÉLISANDE: Est-ce bien sûr?... Vous ne souffrez pas trop?

GOLAUD: Non, non, j'en ai vu bien d'autres. Je suis fait au fer et au sang... Ce ne sont pas des petits os d'enfant que j'ai autour du cœur, ne t'inquiète pas...

MÉLISANDE: Fermez les yeux et tâchez de dormir. Je resterai ici toute la nuit...

GOLAUD: Non, non; je ne veux pas que tu te fatigues ainsi. Je n'ai besoin de rien; je dormirai comme un enfant... Qu'y a-t-il, Mélisande? Pourquoi pleures-tu tout à coup?...

MÉLISANDE, *fondant en larmes:* Je suis… Je suis souffrante aussi…

GOLAUD: Tu es souffrante?… Qu'as-tu donc, Mélisande?…

MÉLISANDE: Je ne sais pas… Je suis malade aussi… Je préfère vous le dire aujourd'hui; seigneur, je ne suis pas heureuse ici…

GOLAUD: Qu'est-il donc arrivé, Mélisande? Qu'est-ce que c'est?… Moi qui ne me doutais de rien… Qu'est-il donc arrivé?… Quelqu'un t'a fait du mal?… Quelqu'un t'aurait-il offensée?

MÉLISANDE: Non, non; personne ne m'a fait le moindre mal… Ce n'est pas cela… Mais je ne puis plus vivre ici. Je ne sais pas pourquoi… Je voudrais m'en aller, m'en aller!… Je vais mourir si l'on me laisse ici…

GOLAUD: Mais il est arrivé quelque chose? Tu dois me cacher quelque chose?… Dis-moi toute la vérité, Mélisande… Est-ce le roi?… Est-ce ma mère?… Est-ce Pelléas?…

MÉLISANDE: Non, non; ce n'est pas Pelléas. Ce n'est personne… Vous ne pouvez pas me comprendre…

GOLAUD: Pourquoi ne comprendrais-je pas?… Si tu ne me dis rien, que veux-tu que je fasse… Dis-moi tout, et je comprendrai tout.

MÉLISANDE: Je ne sais pas moi-même ce que c'est… Si je pouvais vous le dire, je vous le dirais… C'est quelque chose qui est plus fort que moi…

GOLAUD: Voyons; sois raisonnable, Mélisande. — Que veux-tu que je fasse? — Tu n'es plus une enfant. — Est-ce moi que tu voudrais quitter?

MÉLISANDE: Oh! non, non; ce n'est pas cela… Je voudrais m'en aller avec vous… C'est ici, que je ne peux plus vivre… Je sens que je ne vivrai plus longtemps…

GOLAUD: Mais il faut une raison cependant. On va te croire folle. On va croire à des rêves d'enfant. — Voyons, est-ce Pelléas, peut-être? — Je crois qu'il ne te

26

parle pas souvent...

MÉLISANDE: Si, si; il me parle parfois. Il ne m'aime pas, je crois; je l'ai vu dans ses yeux... Mais il me parle quand il me rencontre...

GOLAUD: Il ne faut pas lui en vouloir. Il a toujours été ainsi. Il est un peu étrange. Et maintenant, il est triste; il songe à son ami Marcellus, qui est sur le point de mourir et qu'il ne peut pas aller voir... Il changera, il changera, tu verras; il est jeune...

MÉLISANDE: Mais ce n'est pas cela... ce n'est pas cela...

GOLAUD: Qu'est-ce donc? — Ne peux-tu pas te faire à la vie qu'on mène ici? — Il est vrai que ce château est très vieux et très sombre... Il est très froid et très profond. Et tous ceux qui l'habitent sont déjà vieux. Et la campagne semble bien triste aussi, avec toutes ses forêts, toutes ses vieilles forêts sans lumière. Mais on peut égayer tout cela si l'on veut. Et puis, la joie, on n'en a pas tous les jours; il faut prendre les choses comme elles sont. Mais dis-moi quelque chose; n'importe quoi; je ferai tout ce que tu voudras...

MÉLISANDE: Oui, oui; c'est vrai... on ne voit jamais le ciel clair... Je l'ai vu pour la première fois ce matin...

GOLAUD: C'est donc cela qui te fait pleurer, ma pauvre Mélisande? — Ce n'est donc que cela? — Tu pleures de ne pas voir le ciel? — Voyons, voyons, tu n'es plus à l'âge où l'on peut pleurer pour ces choses... Et puis l'été n'est-il pas là? Tu vas voir le ciel tous les jours. — Et puis l'année prochaine... Voyons, donne-moi ta main; donne-moi tes deux petites mains. *(Il lui prend les mains.)* Oh! ces petites mains que je pourrais écraser comme des fleurs... — Tiens, où est l'anneau que je t'avais donné?

MÉLISANDE: L'anneau?

GOLAUD: Oui; la bague de nos noces, où est-elle?

MÉLISANDE: Je crois... Je crois qu'elle est tombée...

GOLAUD: Tombée? — Où est-elle tombée? — Tu ne

l'as pas perdue?

MÉLISANDE: Non, non; elle est tombée... elle doit être tombée... mais je sais où elle est...

GOLAUD: Où est-elle?

MÉLISANDE: Vous savez... vous savez bien... la grotte au bord de la mer?...

GOLAUD: Oui.

MÉLISANDE: Eh bien, c'est là... Il faut que ce soit là... Oui, oui; je me rappelle... J'y suis allée ce matin, ramasser des coquillages pour le petit Yniold... Il y en a de très beaux... Elle a glissé de mon doigt... puis la mer est entrée; et j'ai dû sortir avant de l'avoir retrouvée.

GOLAUD: Es-tu sûre que ce soit là?

MÉLISANDE: Oui, oui; tout à fait sûre... Je l'ai sentie glisser... puis tout à coup, le bruit des vagues...

GOLAUD: Il faut aller la chercher tout de suite.

MÉLISANDE: Maintenant? — tout de suite? — dans l'obscurité?

GOLAUD: Oui. J'aimerais mieux avoir perdu tout ce que j'ai plutôt que d'avoir perdu cette bague. Tu ne sais pas ce que c'est. Tu ne sais pas d'où elle vient. La mer sera très haute cette nuit. La mer viendra la prendre avant toi... dépêche-toi. Il faut aller la chercher tout de suite...

MÉLISANDE: Je n'ose pas... Je n'ose pas aller seule...

GOLAUD: Vas-y, vas-y avec n'importe qui. Mais il faut y aller tout de suite, entends-tu? — Hâte-toi; demande à Pelléas d'y aller avec toi.

MÉLISANDE: Pelléas? — Avec Pelléas? — Mais Pelléas ne voudra pas...

GOLAUD: Pelléas fera tout ce que tu lui demandes. Je connais Pelléas mieux que toi. Vas-y, vas-y, hâte-toi. Je ne dormirai pas avant d'avoir la bague.

MÉLISANDE: Je ne suis pas heureuse!...

Elle sort en pleurant.

SCÈNE III
Devant une grotte

Entrent Pelléas et Mélisande.

PELLÉAS, *parlant avec une grande agitation:* Oui; c'est ici, nous y sommes. Il fait si noir que l'entrée de la grotte ne se distingue pas du reste de la nuit... Il n'y a pas d'étoiles de ce côté. Attendons que la lune ait déchiré ce grand nuage; elle éclairera toute la grotte et alors nous pourrons y entrer sans péril. Il y a des endroits dangereux et le sentier est très étroit, entre deux lacs dont on n'a pas encore trouvé le fond. Je n'ai pas songé à emporter une torche ou une lanterne, mais je pense que la clarté du ciel nous suffira. — Vous n'avez jamais pénétré dans cette grotte?

MÉLISANDE: Non...

PELLÉAS: Entrons-y... Il faut pouvoir décrire l'endroit où vous avez perdu la bague, s'il vous interroge... Elle est très grande et très belle. Il y a des stalactites qui ressemblent à des plantes et à des hommes. Elle est pleine de ténèbres bleues. On ne l'a pas encore explorée jusqu'au fond. On y a, paraît-il, caché des grands trésors. Vous y verrez les épaves d'anciens naufrages. Mais il ne faut pas s'y engager sans guide. Il en est qui ne sont jamais revenus. Moi-même je n'ose pas aller trop avant. Nous nous arrêterons au moment où nous n'apercevrons plus la clarté de la mer ou du ciel. Quand on y allume une petite lampe, on dirait que la voûte est couverte d'étoiles, comme le firmament. Ce sont, dit-on, des fragments de cristal ou de sel qui brillent ainsi dans le rocher. — Voyez, voyez, je crois que le ciel va s'ouvrir... Donnez-moi la main, ne tremblez pas, ne tremblez pas ainsi. Il n'y a pas de danger: nous nous arrêterons du moment que nous n'apercevrons plus la clarté de la mer... Est-ce le bruit de la grotte qui vous effraie? C'est le bruit de la nuit ou le bruit du silence... Entendez-vous la mer derrière nous? — Elle ne semble pas heureuse cette nuit.. Ah! voici la clarté!

> *La lune éclaire largement l'entrée et une partie des ténèbres de la grotte; et l'on aperçoit, à une certaine profondeur, trois vieux pauvres à cheveux blancs, assis côte à côte, se soutenant l'un l'autre, et endormis contre un quartier de roc.*

MÉLISANDE: Ah!
PELLÉAS: Qu'y a-t-il?
MÉLISANDE: Il y a... Il y a...

> *Elle montre les trois pauvres.*

PELLÉAS: Oui, oui; je les ai vus aussi...
MÉLISANDE: Allons-nous-en!... Allons-nous-en!...
PELLÉAS: Oui... Ce sont trois vieux pauvres qui se sont endormis... Une grande famine désole le pays... Pourquoi sont-ils venus dormir ici?...
MÉLISANDE: Allons-nous-en!... Venez, venez... Allons-nous-en!...
PELLÉAS: Prenez garde, ne parlez pas si fort... Ne les éveillons pas... Ils dorment encore profondément... Venez.
MÉLISANDE: Laissez-moi, laissez-moi; je préfère marcher seule...
PELLÉAS: Nous reviendrons un autre jour...

> *Ils sortent.*

SCÈNE IV
Un appartement dans le château

> *On découvre Arkël et Pelléas.*

ARKEL: Vous voyez que tout vous retient ici et que tout vous interdit ce voyage inutile. On vous a caché jusqu'à ce jour, l'état de votre père; mais il est peut-être sans espoir; cela seul devrait suffire à vous arrêter sur le seuil. Mais il y a tant d'autres raisons… Et ce n'est pas à l'heure où nos ennemis se réveillent et où le peuple meurt de faim et murmure autour de nous que vous avez le droit de nous abandonner. Et pourquoi ce voyage? Marcellus est mort; et la vie a des devoirs plus graves que la visite d'un tombeau. Vous êtes las, dites-vous, de votre vie inactive; mais si l'activité et le devoir se trouvent sur les routes, on les reconnaît rarement dans la hâte du voyage. Il vaut mieux les attendre sur le seuil et les faire entrer au moment où ils passent; et ils passent tous les jours. Vous ne les avez jamais vus? Je n'y vois presque plus moi-même, mais je vous apprendrai à voir; et vous les montrerai le jour où vous voudrez leur faire signe. Mais cependant, écoutez-moi: si vous croyez que c'est du fond de votre vie que ce voyage est exigé, je ne vous interdis pas de l'entreprendre, car vous devez savoir, mieux que moi, les événements que vous devez offrir à votre être ou à votre destinée. Je vous demanderais seulement d'attendre que nous sachions ce qui doit arriver avant peu…

PELLÉAS: Combien de temps faudra-t-il attendre?

ARKEL: Quelques semaines; peut-être quelques jours…

PELLÉAS: J'attendrai…

ACTE TROISIÈME

SCÈNE I
Un appartement dans le château

On découvre Pelléas et Mélisande. Mélisande file sa quenouille au fond de la chambre.

PELLÉAS: Yniold ne revient pas; où est-il allé?

MÉLISANDE: Il avait entendu quelque bruit dans le corridor; il est allé voir ce que c'est.

PELLÉAS: Mélisande…

MÉLISANDE: Qu'y a-t-il?

PELLÉAS: Y voyez-vous encore pour travailler?…

MÉLISANDE: Je travaille aussi bien dans l'obscurité…

PELLÉAS: Je crois que tout le monde dort déjà dans le château. Golaud ne revient pas de la chasse. Cependant il est tard… Il ne souffre plus de sa chute?…

MÉLISANDE: Il a dit qu'il ne souffrait plus.

PELLÉAS: Il devrait être plus prudent; il n'a plus le corps souple comme à vingt ans… Je vois les étoiles par la fenêtre et la clarté de la lune sur les arbres. Il est tard; il ne reviendra plus. *(On frappe à la porte.)* Qui est là?… Entrez!… *(Le petit Yniold ouvre la porte et entre dans la chambre.)* C'est toi qui frappes ainsi?… Ce n'est pas ainsi qu'on frappe aux portes. C'est comme si un malheur venait d'arriver; regarde, tu as effrayé petite-mère.

LE PETIT YNIOLD: Je n'ai frappé qu'un tout petit coup…

PELLÉAS: Il est tard; petit-père ne reviendra plus ce soir; il est temps de t'aller coucher.

LE PETIT YNIOLD: Je n'irai pas me coucher avant vous.

PELLÉAS: Quoi?… Qu'est-ce que tu dis là?

LE PETIT YNIOLD: Je dis… pas avant vous… pas avant vous…

Il éclate en sanglots et va se réfugier près de Mélisande.

MÉLISANDE: Qu'y a-t-il, Yniold? Qu'y a-t-il?… pourquoi pleures-tu tout à coup?

YNIOLD, *sanglotant:* Parce que… Oh! oh! parce que…

MÉLISANDE: Pourquoi?… Pourquoi?… dis-le moi…

YNIOLD: Petite-mère… petite-mère… vous allez partir…

MÉLISANDE: Mais qu'est-ce qui te prend, Yniold?… Je n'ai jamais songé à partir.

YNIOLD: Si, si; petit-père est parti… petit-père ne revient pas, et vous allez partir aussi… Je l'ai vu… je l'ai vu…

MÉLISANDE: Mais il n'a jamais été question de cela, Yniold… A quoi donc as-tu vu que j'allais partir?

YNIOLD: Je l'ai vu… je l'ai vu… Vous avez dit à mon oncle des choses que je ne pouvais pas entendre…

PELLÉAS: Il a sommeil… il a rêvé… Viens ici, Yniold; tu dors déjà?… Viens donc voir à la fenêtre; les cygnes se battent contre les chiens…

YNIOLD, *à la fenêtre:* Oh! oh! Ils les chassent les chiens!… Ils les chassent!… Oh! oh! l'eau!… les ailes!… les ailes!… Ils ont peur…

PELLÉAS, *revenant près de Mélisande:* Il a sommeil; il lutte contre le sommeil et ses yeux se ferment…

MÉLISANDE, *chantant à mix-voix en filant:*

> Saint Daniel et Saint Michel…
> Saint Michel et Saint Raphaël…

YNIOLD, *à la fenêtre:* Oh! oh! petite-mère!…

MÉLISANDE, *se levant brusquement:* Qu'y a-t-il, Yniold?… Qu'y a-t-il?…

YNIOLD: J'ai vu quelque chose à la fenêtre…

33

Pelléas et Mélisande courent à la fenêtre.

PELLÉAS: Mais il n'y a rien. Je ne vois rien...

MÉLISANDE: Moi non plus...

PELLÉAS: Où as-tu vu quelque chose? De quel côté?...

YNIOLD: Là-bas, là-bas!... Elle n'y est plus...

PELLÉAS: Il ne sait plus ce qu'il dit. Il aura vu la clarté de la lune sur la forêt. Il y a souvent d'étranges reflets... ou bien quelque chose aura passé sur la route... ou dans son sommeil. Car voyez, voyez, je crois qu'il s'endort tout à fait...

YNIOLD, *à la fenêtre:* Petit-père est là! petit-père est là!

PELLÉAS, *allant à la fenêtre:* Il a raison; Golaud entre dans la cour...

YNIOLD: Petit-père!... petit-père!... Je vais à sa rencontre!...

Il sort en courant. — Un silence

PELLÉAS: Ils montent l'escalier...

Entrent Golaud et le petit Yniold qui porte une lampe.

GOLAUD: Vous attendez encore dans l'obscurité?

YNIOLD: J'ai apporté une lumière, petite-mère, une grande lumière!... *(Il élève la lampe et regarde Mélisande.)* Tu as pleuré petite-mère? Tu as pleuré?... *(Il élève la lampe vers Pelléas et le regarde à son tour.)* Vous aussi, vous avez pleuré?... Petit-père, regarde, petit-père; ils ont pleuré tous les deux...

GOLAUD: Ne leur mets pas ainsi la lumière sous les yeux...

34

SCÈNE II

Une des tours du château. — Un chemin de ronde passe sous une fenêtre de la tour

MÉLISANDE, *à la fenêtre, pendant qu'elle peigne ses cheveux dénoués:*

> *Les trois sœurs aveugles,*
> *(Espérons encore).*
> *Les trois sœurs aveugles,*
> *Ont leurs lampes d'or.*
>
> *Montent à la tour,*
> *(Elles, vous et nous).*
> *Montent à la tour,*
> *Attendent sept jours.*
>
> *Ah! dit la première,*
> *Espérons encore,*
> *Ah! dit la première,*
> *J'entends nos lumières.*
>
> *Ah! dit la seconde,*
> *(Elles, vous et nous).*
> *Ah! dit la seconde,*
> *C'est le roi qui monte.*
>
> *Non, dit la plus sainte,*
> *(Espérons encore).*
> *Non, dit la plus sainte,*
> *Elles se sont éteintes...*

> *Entre Pelléas par le chemin de ronde.*

PELLÉAS: Holà! Holà! ho!

MÉLISANDE: Qui est là?

PELLÉAS: Moi, moi et moi!... Que fais-tu là à la fenêtre en chantant comme un oiseau qui n'est pas d'ici?

MÉLISANDE: J'arrange mes cheveux pour la nuit...

35

PELLÉAS: C'est là ce que je vois sur le mur?... Je croyais que c'était un rayon de lumière...

MÉLISANDE: J'ai ouvert la fenêtre; la nuit me semblait belle...

PELLÉAS: Il y a d'innombrables étoiles; je n'en ai jamais autant vu que ce soir;... mais la lune est encore sur la mer... Ne reste pas dans l'ombre, Mélisande, penche-toi un peu, que je voie tes cheveux dénoués.

> *Mélisande se penche à la fenêtre.*

PELLÉAS: Oh! Mélisande!... oh! tu es belle!... tu es belle ainsi!... penche-toi! penche-toi!... laisse-moi venir plus près de toi...

MÉLISANDE: Je ne puis pas venir plus près... je me penche tant que je peux...

PELLÉAS: Je ne puis monter plus haut... donne-moi du moins ta main ce soir... avant que je m'en aille... Je pars demain...

MÉLISANDE: Non, non, non...

PELLÉAS: Si, si; je pars, je partirai demain... donne-moi ta main, ta petite main sur les lèvres...

MÉLISANDE: Je ne te donne pas ma main si tu pars...

PELLÉAS: Donne, donne...

MÉLISANDE: Tu ne partiras pas?... Je vois une rose dans les ténèbres...

PELLÉAS: Où donc?... Je ne vois que les branches du saule qui dépassent le mur...

MÉLISANDE: Plus bas, plus bas, dans le jardin; là-bas, dans le vert sombre.

PELLÉAS: Ce n'est pas une rose... J'irai voir tout à l'heure, mais donne-moi ta main d'abord; d'abord ta main...

MÉLISANDE: Voilà, voilà;... je ne puis me pencher davantage...

PELLÉAS: Mes lèvres ne peuvent pas atteindre ta main...

36

MÉLISANDE: Je ne puis pas me pencher davantage... Je suis sur le point de tomber... — Oh! oh! mes cheveux descendent de la tour!...

> *Sa chevelure se révulse tout à coup, tandis qu'elle se penche ainsi et inonde Pelléas.*

PELLÉAS: Oh! oh! qu'est-ce que c'est?... Tes cheveux, tes cheveux descendent vers moi!... Toute ta chevelure, Mélisande, toute ta chevelure est tombée de la tour!... Je la tiens dans les mains, je la touche des lèvres... Je la tiens dans les bras, je la mets autour de mon cou... Je n'ouvrirai plus les mains cette nuit...

MÉLISANDE: Laisse-moi! laisse-moi!... Tu vas me faire tomber!...

PELLÉAS: Non, non, non;... Je n'ai jamais vu de cheveux comme les tiens, Mélisande!... Vois, vois; ils viennent de si haut et m'inondent jusqu'au cœur... Ils sont tièdes et doux comme s'ils tombaient du ciel!... Je ne vois plus le ciel à travers tes cheveux et leur belle lumière me cache sa lumière!... Regarde, regarde donc, mes mains ne peuvent plus les contenir... Ils me fuient, ils me fuient jusqu'aux branches du saule... Ils s'échappent de toutes parts... Ils tressaillent, ils s'agitent, ils palpitent dans mes mains comme des oiseaux d'or; et ils m'aiment, ils m'aiment mille fois mieux que toi!...

MÉLISANDE: Laisse-moi, laisse-moi... quelqu'un pourrait venir...

PELLÉAS: Non, non, non; je ne te délivre pas cette nuit... Tu es ma prisonnière cette nuit; toute la nuit, toute la nuit...

MÉLISANDE: Pelléas! Pelléas!...

PELLÉAS: Tu ne t'en iras plus... Je t'embrasse tout entière en baisant tes cheveux, et je ne souffre plus au milieu de leurs flammes... Entends-tu mes baisers?... Ils s'élèvent le long des mille mailles d'or... Il faut que chacune d'elles t'en apporte un millier; et en retienne

autant pour t'embrasser encore quand je n'y serai plus...
Tu vois, tu vois, je puis ouvrir les mains... Tu vois, j'ai
les mains libres et tu ne peux m'abandonner...

> *Des colombes sortent de la tour et volent autour*
> *d'eux dans la nuit.*

MÉLISANDE: Qu'y a-t-il, Pelléas? — Qu'est-ce qui vole
autour de moi?

PELLÉAS: Ce sont les colombes qui sortent de la tour...
Je les ai effrayées; elles s'envolent...

MÉLISANDE: Ce sont mes colombes, Pelléas. — Allons-nous-en, laisse-moi; elles ne reviendraient plus...

PELLÉAS: Pourquoi ne reviendraient-elles plus?

MÉLISANDE: Elles se perdront dans l'obscurité...
Laisse-moi relever la tête... J'entends un bruit de pas...
Laisse-moi! — C'est Golaud!... Je crois que c'est Go-
laud!... Il nous a entendus...

PELLÉAS: Attends! Attends!... Tes cheveux sont mêlés
aux branches... Attends, attends!... Il fait noir...

> *Entre Golaud par le chemin de ronde.*

GOLAUD: Que faites-vous ici?

PELLÉAS: Ce que je fais ici?... Je...

GOLAUD: Vous êtes des enfants... Mélisande, ne te
penche pas ainsi à la fenêtre, tu vas tomber... Vous ne
savez pas qu'il est tard? — Il est près de minuit. — Ne
jouez pas ainsi dans l'obscurité. — Vous êtes des enfants... *(Riant nerveusement.)* Quels enfants!... Quels
enfants!...

> *Il sort avec Pelléas.*

SCÈNE III

Les souterrains du château

Entrent Golaud et Pelléas.

GOLAUD: Prenez garde: par ici, par ici. — Vous n'avez jamais pénétré dans ces souterrains?

PELLÉAS: Si, une fois, dans le temps; mais il y a longtemps…

GOLAUD: Ils sont prodigieusement grands; c'est une suite de grottes énormes qui aboutissent, Dieu sait où. Tout le château est bâti sur ces grottes. Sentez-vous l'odeur mortelle qui règne ici? — C'est ce que je voulais vous faire remarquer. Selon moi, elle provient du petit lac souterrain que je vais vous faire voir. Prenez garde; marchez devant moi, dans la clarté de ma lanterne. Je vous avertirai lorsque nous y serons. *(Ils continuent à marcher en silence.)* Hé! Hé! Pelléas! arrêtez! arrêtez! — *(Il le saisit par le bras).* Pour Dieu!… Mais ne voyez-vous pas? — Un pas de plus et vous étiez dans le gouffre!…

PELLÉAS: Mais je n'y voyais pas!… La lanterne ne m'éclairait plus…

GOLAUD: J'ai fait un faux pas… mais si je ne vous avais pas retenu par le bras… Eh bien, voici l'eau stagnante dont je vous parlais… Sentez-vous l'odeur de mort qui monte? — Allons jusqu'au bout de ce rocher qui surplombe et penchez-vous un peu. Elle viendra vous frapper au visage.

PELLÉAS: Je la sens déjà… On dirait une odeur de tombeau.

GOLAUD: Plus loin, plus loin… C'est elle qui, certains jours, empoisonne le château. Le roi ne veut pas croire qu'elle vient d'ici. — Il faudrait faire murer la grotte où se trouve cette eau morte. Il serait temps d'ailleurs

39

d'examiner ces souterrains. Avez-vous remarqué ces lézardes dans les murs et les piliers des voûtes? — Il y a ici un travail caché qu'on ne soupçonne pas; et tout le château s'engloutira une de ces nuits, si l'on n'y prend pas garde. Mais que voulez-vous? personne n'aime à descendre jusqu'ici... Il y a d'étranges lézardes dans bien des murs... Oh! voici... sentez-vous l'odeur de mort qui s'élève?

PELLÉAS: Oui, il y a une odeur de mort qui monte autour de nous...

GOLAUD: Penchez-vous; n'ayez pas peur... Je vous tiendrai... donnez-moi... non, non, pas la main... elle pourrait glisser... le bras, le bras... Voyez-vous le gouffre? *(Troublé.)* — Pelléas? Pelléas?...

PELLÉAS: Oui; je crois que je vois le fond du gouffre... Est-ce la lumière qui tremble ainsi?... Vous...

Il se redresse, se retourne et regarde Golaud.

GOLAUD, *d'une voix tremblante:* Oui; c'est la lanterne... Voyez, je l'agitais pour éclairer les parois...

PELLÉAS: J'étouffe ici... sortons...

GOLAUD: Oui, sortons...

Ils sortent en silence.

SCÈNE IV
Une terrasse au sortir des souterrains

Entrent Golaud et Pelléas.

PELLÉAS: Ah! Je respire enfin!... J'ai cru, un instant, que j'allais me trouver mal dans ces énormes grottes; et je fus sur le point de tomber... Il y a là un air humide et lourd comme une rosée de plomb, et des ténèbres épaisses comme une pâte empoisonnée... Et maintenant, tout l'air de toute la mer!... Il y a un vent frais, voyez, frais comme une feuille qui vient de s'ouvrir, sur les petites lames vertes... Tiens! on vient d'arroser les fleurs au pied de la terrasse, et l'odeur de la verdure et des roses mouillées s'élève jusqu'à nous... Il doit être près de midi, elles sont déjà dans l'ombre de la tour... Il est midi; j'entends sonner les cloches et les enfants descendent sur la plage pour se baigner... Je ne savais pas que nous fussions restés si longtemps dans les caves...

GOLAUD: Nous y sommes descendus vers onze heures...

PELLÉAS: Plus tôt; il devait être plus tôt; j'ai entendu sonner la demie de dix heures.

GOLAUD: Dix heures et demie ou onze heures moins le quart...

PELLÉAS: On a ouvert toutes les fenêtres du château. Il fera extraordinairement chaud cet après-midi... Tiens, voilà notre mère et Mélisande à une fenêtre de la tour...

GOLAUD: Oui; elles se sont réfugiées du côté de l'ombre. — A propos de Mélisande, j'ai entendu ce qui s'est passé et ce qui s'est dit hier au soir. Je le sais bien, ce sont là jeux d'enfants; mais il ne faut pas qu'ils se renouvellent. Mélisande est très jeune et très impressionnable, et il faut qu'on la ménage d'autant plus qu'elle est peut-être enceinte en ce moment... Elle est très délicate, à peine femme; et la moindre émotion pourrait amener un malheur. Ce n'est pas la première fois que je remarque qu'il pourrait y avoir quelque chose entre vous... vous êtes plus âgé qu'elle; il suffira de vous l'avoir dit... Evitez-la autant que possible, mais sans affectation d'ailleurs; sans affectation... — Qu'est-ce que je vois là sur la route du côté de la forêt?...

PELLÉAS: Ce sont des troupeaux qu'on mène vers la ville...

GOLAUD: Ils pleurent comme des enfants perdus; on dirait qu'ils sentent déjà le boucher. — Quelle belle journée! Quelle admirable journée pour la moisson!...

Ils sortent.

SCÈNE V
Devant le château

Entrent Golaud et le petit Yniold.

GOLAUD: Viens, asseyons-nous ici, Yniold; viens sur mes genoux: nous verrons d'ici ce qui se passe dans la forêt. Je ne te vois plus du tout depuis quelque temps. Tu m'abandonnes aussi; tu es toujours chez petite-mère... Tiens, nous sommes tout juste assis sous les fenêtres de petite-mère. — Elle fait peut-être sa prière du soir en ce moment... Mais dis-moi, Yniold, elle est souvent avec ton oncle Pelléas, n'est-ce pas?

YNIOLD: Oui, oui; toujours, petit-père; quand vous n'êtes pas là, petit-père...

GOLAUD: Ah! — Quelqu'un passe avec une lanterne dans le jardin. — Mais on m'a dit qu'ils ne s'aimaient pas... Il paraît qu'ils se querellent souvent... non? Est-ce vrai?

YNIOLD: Oui, c'est vrai.

GOLAUD: Oui? — Ah! ah! — Mais à propos de quoi se querellent-ils?

YNIOLD: A propos de la porte.

GOLAUD: Comment? à propos de la porte? — Qu'est-ce que tu racontes là? — Mais voyons, explique-toi; pourquoi se querellent-ils à propos de la porte?

YNIOLD: Parce qu'on ne veut pas qu'elle soit ouverte.

GOLAUD: Qui ne veut pas qu'elle soit ouverte? — Voyons, pourquoi se querellent-ils?

YNIOLD: Je ne sais pas, petit-père, à propos de la lumière.

GOLAUD: Je ne te parle pas de la lumière: nous en parlerons tout à l'heure. Je te parle de la porte. Réponds à ce que je te demande; tu dois apprendre à parler; il est temps... Ne mets pas ainsi la main dans la bouche... voyons...

YNIOLD: Petit-père! petit-père!... Je ne le ferai plus...

Il pleure.

GOLAUD: Voyons; pourquoi pleures-tu? Qu'est-il arrivé?

YNIOLD: Oh! oh! petit-père, vous m'avez fait mal...

GOLAUD: Je t'ai fait mal? — Où t'ai-je fait mal? C'est sans le vouloir...

YNIOLD: Ici, à mon petit bras...

GOLAUD: C'est sans le vouloir; voyons, ne pleure plus, je te donnerai quelque chose demain...

YNIOLD: Quoi, petit-père?

GOLAUD: Un carquois et des flèches; mais dis-moi ce que tu sais au sujet de la porte.

YNIOLD: De grandes flèches?

GOLAUD: Oui, oui; de très grandes flèches. — Mais pourquoi ne veulent-ils pas que la porte soit ouverte? — Voyons, réponds-moi à la fin! — non, non; n'ouvre pas la bouche pour pleurer. Je ne suis pas fâché. Nous allons causer tranquillement comme Pelléas et petite-mère quand ils sont ensemble. De quoi parlent-ils quand ils sont ensemble?

YNIOLD: Pelléas et petite-mère?

GOLAUD: Oui; de quoi parlent-ils?

YNIOLD: De moi; toujours de moi.

GOLAUD: Et que disent-ils de toi?

YNIOLD: Ils disent que je serai très grand.

GOLAUD: Ah! misère de ma vie!... je suis ici comme un aveugle qui cherche son trésor au fond de l'océan!...

43

Je suis ici comme un nouveau-né perdu dans la forêt et vous… Mais voyons, Yniold, j'étais distrait; nous allons causer sérieusement. Pelléas et petite-mère ne parlent-ils jamais de moi quand je ne suis pas là?…

YNIOLD: Si, si, petit-père; ils parlent toujours de vous.

GOLAUD: Ah!… Et que disent-ils de moi?

YNIOLD: Ils disent que je deviendrai aussi grand que vous.

GOLAUD: Tu es toujours près d'eux?

YNIOLD: Oui; oui; toujours, toujours, petit-père.

GOLAUD: Ils ne te disent jamais d'aller jouer ailleurs?

YNIOLD: Non, petit-père; ils ont peur quand je ne suis pas là.

GOLAUD: Ils ont peur?… à quoi vois-tu qu'ils ont peur?

YNIOLD: Petite-mère qui dit toujours: ne t'en va pas, ne t'en va pas… Ils sont malheureux, mais ils rient…

GOLAUD: Mais cela ne prouve pas qu'ils aient peur.

YNIOLD: Si, si, petit-père; elle a peur…

GOLAUD: Pourquoi dis-tu qu'elle a peur…

YNIOLD: Ils pleurent toujours dans l'obscurité.

GOLAUD: Ah! ah!…

YNIOLD: Cela fait pleurer aussi…

GOLAUD: Oui, oui…

YNIOLD: Elle est pâle, petit-père.

GOLAUD: Ah! ah!… patience, mon Dieu, patience…

YNIOLD: Quoi, petit-père?

GOLAUD: Rien, rien, mon enfant. — J'ai vu passer un loup dans la forêt. — Alors ils s'entendent bien? — Je suis heureux d'apprendre qu'ils sont d'accord. — Ils s'embrassent quelquefois? — Non?

YNIOLD: Ils s'embrassent, petit-père? — Non, non. — Ah! si, petit-père, si, si; une fois… une fois qu'il pleuvait…

GOLAUD: Il se sont embrassés? — Mais comment, comment se sont-ils embrassés?

YNIOLD: Comme ça, petit-père, comme ça!... *(Il lui donne un baiser sur la bouche; riant.)* Ah! ah! votre barbe, petit-père!... Elle pique! Elle devient toute grise, petit-père, et vos cheveux aussi; tout gris, tout gris... *(La fenêtre sous laquelle ils sont assis, s'éclaire en ce moment, et sa clarté vient tomber sur eux.)* Ah! ah! petite-mère a allumé sa lampe. Il fait clair, petit-père; il fait clair.

GOLAUD: Oui; il commence à faire clair...

YNIOLD: Allons-y aussi, petit-père...

GOLAUD: Où veux-tu aller?

YNIOLD: Où il fait clair, petit-père.

GOLAUD: Non, non, mon enfant: restons encore dans l'ombre... on ne sait pas, on ne sait pas encore... Vois-tu là-bas ces pauvres qui essaient d'allumer un petit feu dans la forêt? — Il a plu. Et de l'autre côté, vois-tu le vieux jardinier qui essaie de soulever cet arbre que le vent a jeté en travers du chemin? — Il ne peut pas; l'arbre est trop grand; l'arbre est trop lourd, et il restera du côté où il est tombé. Il n'y a rien à faire à tout cela... Je crois que Pelléas est fou...

YNIOLD: Non, petit-père, il n'est pas fou, mais il est très bon.

GOLAUD: Veux-tu voir petite-mère?

YNIOLD: Oui, oui; je veux la voir!

GOLAUD: Ne fais pas de bruit; je vais te hisser jusqu'à la fenêtre. Elle est trop haute pour moi, bien que je sois si grand... *(Il soulève l'enfant.)* Ne fais pas le moindre bruit; petite-mère aurait terriblement peur... La vois-tu? — Est-elle dans la chambre?

YNIOLD: Oui... Oh! il fait clair!

GOLAUD: Elle est seule?

YNIOLD: Oui... non, non; mon oncle Pelléas y est aussi.

GOLAUD: Il!...

YNIOLD: Ah! ah! petit-père! vous m'avez fait mal!...

GOLAUD: Ce n'est rien; tais-toi; je ne le ferai plus; regarde, regarde, Yniold!... J'ai trébuché; parle plus bas. Que font-ils?

YNIOLD: Ils ne font rien, petit-père; ils attendent quelque chose.

GOLAUD: Sont-ils près l'un de l'autre?

YNIOLD: Non, petit-père.

GOLAUD: Et... Et le lit? sont-ils près du lit?

YNIOLD: Le lit, petit-père? — Je ne vois pas le lit.

GOLAUD: Plus bas, plus bas; ils t'entendraient. Est-ce qu'ils parlent?

YNIOLD: Non, petit-père; ils ne parlent pas.

GOLAUD: Mais que font-ils? — Il faut qu'ils fassent quelque chose...

YNIOLD: Ils regardent la lumière.

GOLAUD: Tous les deux?

YNIOLD: Oui, petit-père.

GOLAUD: Ils ne disent rien?

YNIOLD: Non, petit-père; ils ne ferment pas les yeux.

GOLAUD: Ils ne s'approchent pas l'un de l'autre?

YNIOLD: Non, petit-père; ils ne bougent pas.

GOLAUD: Ils sont assis?

YNIOLD: Non, petit-père; ils sont debout contre le mur.

GOLAUD: Ils ne font pas de gestes? — Ils ne se regardent pas? — Ils ne font pas de signes?...

YNIOLD: Non, petit-père. — Oh! oh! petit-père, ils ne ferment jamais les yeux... J'ai terriblement peur...

GOLAUD: Tais-toi. Ils ne bougent pas encore?

YNIOLD: Non, petit-père — j'ai peur, petit-père, laissez-moi descendre!

GOLAUD: De quoi donc as-tu peur? — Regarde! regarde!...

YNIOLD: Je n'ose plus regarder, petit-père!... Laissez-moi descendre!...

GOLAUD: Regarde! regarde!

YNIOLD: Oh! oh! je vais crier, petit-père! — Laissez-moi descendre! laissez-moi descendre!...

GOLAUD: Viens; nous allons voir ce qui est arrivé.

Ils sortent.

ACTE QUATRIÈME

SCÈNE I
Un corridor dans le château

Entrent et se rencontrent Pelléas et Mélisande.

PELLÉAS: Où vas-tu? Il faut que je te parle ce soir. Te verrai-je?

MÉLISANDE: Oui.

PELLÉAS: Je sors de la chambre de mon père. Il va mieux. Le médecin nous a dit qu'il était sauvé... Ce matin cependant j'avais le pressentiment que cette journée finirait mal. J'ai depuis quelque temps un bruit de malheur dans les oreilles... Puis, il y eut tout à coup un grand revirement; aujourd'hui, ce n'est plus qu'une question de temps. On a ouvert toutes les fenêtres de sa chambre. Il parle; il semble heureux. Il ne parle pas encore comme un homme ordinaire, mais déjà ses idées ne viennent plus toutes de l'autre monde... Il m'a reconnu. Il m'a pris la main, et il m'a dit de cet air étrange qu'il a depuis qu'il est malade: «Est-ce toi, Pelléas? Tiens, tiens, je ne l'avais jamais remarqué, mais tu as le visage grave et amical de ceux qui ne vivront pas longtemps... Il faut voyager; il faut voyager...» C'est étrange; je vais lui obéir... Ma mère l'écoutait et pleurait de joie. — Tu ne t'en es pas aperçue? — Toute la maison semble déjà revivre, on entend respirer, on entend parler, on entend marcher... Ecoute; j'entends parler derrière cette porte. Vite, vite, réponds vite, où te verrai-je?

MÉLISANDE: Où veux-tu?

PELLÉAS: Dans le parc; près de la fontaine des aveugles? — Veux-tu? — Viendras-tu?

MÉLISANDE: Oui.

PELLÉAS: Ce sera le dernier soir; — je vais voyager comme mon père l'a dit. Tu ne me verras plus...

MÉLISANDE: Ne dis pas cela, Pelléas... Je te verrai toujours; je te regarderai toujours...

PELLÉAS: Tu auras beau regarder... je serai si loin que tu ne pourras plus me voir... Je vais tâcher d'aller très loin... Je suis plein de joie et l'on dirait que j'ai tout le poids du ciel et de la terre sur le corps.

MÉLISANDE: Qu'est-il arrivé, Pelléas? — Je ne comprends plus ce que tu dis...

PELLÉAS: Va-t'en, va-t'en, séparons-nous. J'entends parler derrière cette porte... Ce sont les étrangers qui sont arrivés au château ce matin... Ils vont sortir... Allons-nous-en; ce sont les étrangers...

Ils sortent séparément.

SCÈNE II
Un appartement dans le château

On découvre Arkël et Mélisande.

ARKEL: Maintenant que le père de Pelléas est sauvé, et que la maladie, la vieille servante de la mort, a quitté le château, un peu de joie et un peu de soleil vont enfin rentrer dans la maison... Il était temps! — Car depuis ta venue, on n'a vécu ici qu'en chuchotant autour d'une chambre fermée... Et vraiment, j'avais pitié de toi, Mélisande... Tu arrivais ici, toute joyeuse, comme un enfant à la recherche d'une fête, et au moment où tu entrais dans le vestibule, je t'ai vue changer de visage, et probablement d'âme, comme on change de visage, malgré soi, lorsqu'on entre à midi, dans une grotte trop sombre et trop

49

froide… Et depuis, à cause de tout cela, souvent, je ne te comprenais plus… Je t'observais, tu étais là, insouciante peut-être, mais avec l'air étrange et égaré de quelqu'un qui attendrait toujours un grand malheur, au soleil, dans un beau jardin… Je ne puis pas expliquer… Mais j'étais triste de te voir ainsi; car tu es trop jeune et trop belle pour vivre déjà, jour et nuit, sous l'haleine de la mort… Mais à présent tout cela va changer. A mon âge, — et c'est peut-être là le fruit le plus sûr de ma vie, — à mon âge, j'ai acquis je ne sais quelle foi à la fidélité des événements, et j'ai toujours vu que tout être jeune et beau, créait autour de lui des événements jeunes, beaux et heureux… Et c'est toi, maintenant, qui vas ouvrir la porte à l'ère nouvelle que j'entrevois… Viens ici; pourquoi restes-tu là sans répondre et sans lever les yeux? — Je ne t'ai embrassée qu'une seule fois jusqu'ici, le jour de ta venue; et cependant, les vieillards ont besoin de toucher quelquefois de leurs lèvres, le front d'une femme ou la joue d'un enfant, pour croire encore à la fraîcheur de la vie et éloigner un moment les menaces de la mort. As-tu peur de mes vieilles lèvres? Comme j'avais pitié de toi ces mois-ci!…

MÉLISANDE: Grand-père, je n'étais pas malheureuse…

ARKEL: Peut-être étais-tu de celles qui sont malheureuses sans le savoir… Laisse-moi te regarder ainsi, de tout près, un moment… on a un tel besoin de beauté aux côtés de la mort…

Entre Golaud.

GOLAUD: Pelléas part ce soir.

ARKEL: Tu as du sang sur le front. — Qu'as-tu fait?

GOLAUD: Rien, rien… j'ai passé au travers d'une haie d'épines.

MÉLISANDE: Baissez un peu la tête, seigneur… Je vais essuyer votre front…

GOLAUD, *la repoussant:* Je ne veux pas que tu me touches, entends-tu? Va-t'en, va-t'en! — Je ne te parle pas. — Où est mon épée? — Je venais chercher mon épée…

MÉLISANDE: Ici; sur le prie-Dieu.

GOLAUD: Apporte-la. — *(A Arkël.)* On vient encore de trouver un paysan mort de faim, le long de la mer. On dirait qu'ils tiennent tous à mourir sous nos yeux. — *(A Mélisande.)* Eh bien, mon épée? — Pourquoi tremblez-vous ainsi? — Je ne vais pas vous tuer. Je voulais simplement examiner la lame. Je n'emploie pas l'épée à ces usages. Pourquoi m'examinez-vous comme un pauvre? — Je ne viens pas vous demander l'aumône. Vous espérez voir quelque chose dans mes yeux, sans que je voie quelque chose dans les vôtres? — Croyez-vous que je sache quelque chose? — *(A Arkël.)* Voyez-vous ces grands yeux? — On dirait qu'ils sont fiers d'être purs… Voudriez-vous me dire ce que vous y voyez?…

ARKEL: Je n'y vois qu'une grande innocence…

GOLAUD: Une grande innocence!… Ils sont plus grands que l'innocence!… Ils sont plus purs que les yeux d'un agneau… Ils donneraient à Dieu des leçons d'innocence! Une grande innocence! Ecoutez: j'en suis si près que je sens la fraîcheur de leurs cils quand ils clignent; et cependant, je suis moins loin des grands secrets de l'autre monde que du plus petit secret de ces yeux!… Une grande innocence!… Plus que de l'innocence. On dirait que les anges du ciel s'y baignent tout le jour dans l'eau claire des montagnes!… Je les connais ces yeux! Je les ai vus à l'œuvre! Fermez-les! fermez-les! ou je vais les fermer pour longtemps!… — Ne mettez pas ainsi la main droite à la gorge; je dis une chose très simple… Je n'ai pas d'arrière-pensée… Si j'avais une arrière-pensée, pourquoi ne la dirais-je pas? Ah! ah! — ne tâchez pas de fuir! — Ici! — Donnez-moi cette main! — Ah! vos mains sont trop chaudes… Allez-vous-en! Votre chair me dé-

51

goûte!… Ici! — Il ne s'agit plus de fuir à présent! — *(Il la saisit par les cheveux.)* — Vous allez me suivre à genoux! — A genoux! — A genoux devant moi! — Ah! ah! vos longs cheveux servent enfin à quelque chose!… A droite et puis à gauche! — A gauche et puis à droite! — Absalon! Absalon! — En avant! en arrière! Jusqu'à terre! jusqu'à terre!… Vous voyez, vous voyez; je ris déjà comme un vieillard…

ARKEL, *accourant:* Golaud!…

GOLAUD, *affectant un calme soudain:* Vous ferez comme il vous plaira, voyez-vous. — Je n'attache aucune importance à cela. — Je suis trop vieux; et puis, je ne suis pas un espion. J'attendrai le hasard; et alors… Oh! alors!… simplement parce que c'est l'usage; simplement parce que c'est l'usage…

Il sort.

ARKEL: Qu'a-t-il donc? — Il est ivre?

MÉLISANDE, *en larmes:* Non, non; mais il ne m'aime plus… Je ne suis pas heureuse!… Je ne suis pas heureuse!…

ARKEL: Si j'étais Dieu, j'aurais pitié du cœur des hommes…

SCÈNE III
Une terrasse du château

On découvre le petit Yniold qui cherche à soulever un quartier de roc.

LE PETIT YNIOLD: Oh! cette pierre est lourde!… Elle est plus lourde que moi… Elle est plus lourde que tout… Je vois ma balle d'or entre le roc et cette méchante pierre, et ne puis pas l'atteindre... Mon petit bras n'est pas assez long... et cette pierre ne peut pas être soulevée... Je ne puis pas la soulever... et personne ne pourra la soulever... Elle est plus lourde que toute la maison... on dirait qu'elle a des racines dans la terre... *(On entend au loin les bêlements d'un troupeau.)* — Oh! oh! j'entends pleurer les moutons... *(Il va voir au bord de la terrasse.)* Tiens! il n'y a plus de soleil... Ils arrivent, les petits moutons; ils arrivent... Il y en a!... Il y en a!... Ils ont peur du noir... Ils se pressent!... Ils ne peuvent presque plus marcher... Ils pleurent! ils pleurent! et ils vont vite!... Ils sont déjà au grand carrefour. Ah! ah! Ils ne savent plus par où ils doivent aller... Ils ne pleurent plus... Ils attendent... Il y en a qui voudraient prendre à droite... Ils voudraient tous aller à droite... Ils ne peuvent pas!... Le berger leur jette de la terre... Ah! ah! Ils vont passer par ici... Ils obéissent! Ils obéissent! Ils vont passer sous la terrasse... Ils vont passer sous les rochers... Je vais les voir de près... Oh! oh! comme il y en a!... Il y en a!... Toute la route en est pleine... Maintenant ils se taisent tous... Berger! Berger! pourquoi ne parlent-ils plus?

LE BERGER, *qu'on ne voit pas:* Parce que ce n'est pas le chemin de l'étable...

YNIOLD: Où vont-ils? — Berger! berger! — où vont-ils? — Il ne m'entend plus. Ils sont déjà trop loin... Ils vont vite... Ils ne font plus de bruit... Ce n'est plus le chemin de l'étable... Où vont-ils dormir cette nuit? — Oh! oh! — Il fait trop noir... Je vais dire quelque chose à quelqu'un...

Il sort.

SCÈNE IV
Une fontaine dans le parc

Entre Pelléas.

PELLÉAS: C'est le dernier soir… le dernier soir… Il faut que tout finisse… J'ai joué comme un enfant autour d'une chose que je ne soupçonnais pas… J'ai joué en rêve autour des pièges de la destinée… Qui est-ce qui m'a réveillé tout à coup? Je vais fuir en criant de joie et de douleur comme un aveugle qui fuirait l'incendie de sa maison… Je vais lui dire que je vais fuir… Mon père est hors de danger; et je n'ai plus de quoi me mentir à moi-même… Il est tard; elle ne vient pas… Je ferais mieux de m'en aller sans la revoir… Il faut que je la regarde bien cette fois-ci… Il y a des choses que je ne me rappelle plus… on dirait, par moment, qu'il y a plus de cent ans que je ne l'ai revue… Et je n'ai pas encore regardé son regard… Il ne me reste rien si je m'en vais ainsi. Et tous ces souvenirs… c'est comme si j'emportais un peu d'eau dans un sac de mousseline… Il faut que je la voie une dernière fois, jusqu'au fond de son cœur… Il faut que je lui dise tout ce que je n'ai pas dit…

Entre Mélisande.

MÉLISANDE: Pelléas!

PELLÉAS: Mélisande! — Est-ce toi, Mélisande?

MÉLISANDE: Oui.

PELLÉAS: Viens ici: ne reste pas au bord du clair de lune. — Viens ici. Nous avons tant de choses à nous dire… Viens ici dans l'ombre du tilleul.

MÉLISANDE: Laissez-moi dans la clarté…

PELLÉAS: On pourrait nous voir des fenêtres de la tour. Viens ici; ici, nous n'avons rien à craindre. — Prends garde; on pourrait nous voir…

MÉLISANDE: Je veux qu'on me voie…

PELLÉAS: Qu'as-tu donc? — Tu as pu sortir sans qu'on s'en soit aperçu?

MÉLISANDE: Oui; votre frère dormait…

PELLÉAS: Il est tard. — Dans une heure on fermera les portes. Il faut prendre garde. Pourquoi es-tu venue si tard?

MÉLISANDE: Votre frère avait un mauvais rêve. Et puis ma robe s'est accrochée aux clous de la porte. Voyez, elle est déchirée. J'ai perdu tout ce temps et j'ai couru…

PELLÉAS: Ma pauvre Mélisande!… J'aurais presque peur de te toucher… Tu es encore hors d'haleine comme un oiseau pourchassé… C'est pour moi, pour moi que tu fais tout cela?… J'entends battre ton cœur comme si c'était le mien… Viens ici… plus près, plus près de moi…

MÉLISANDE: Pourquoi riez-vous?

PELLÉAS: Je ne ris pas; — ou bien je ris de joie, sans le savoir… Il y aurait plutôt de quoi pleurer…

MÉLISANDE: Nous sommes venus ici il y a bien longtemps… Je me rappelle…

PELLÉAS: Oui… oui… Il y a de longs mois. — Alors, je ne savais pas… Sais-tu pourquoi je t'ai demandé de venir ce soir?

MÉLISANDE: Non.

PELLÉAS: C'est peut-être la dernière fois que je te vois… Il faut que je m'en aille pour toujours…

MÉLISANDE: Pourquoi dis-tu toujours que tu t'en vas?…

PELLÉAS: Je dois te dire ce que tu sais déjà? — Tu ne sais pas ce que je vais te dire?

MÉLISANDE: Mais non, mais non; je ne sais rien…

PELLÉAS: Tu ne sais pas pourquoi il faut que je m'éloigne… *(Il l'embrasse brusquement.)* Je t'aime…

MÉLISANDE, *à voix basse:* Je t'aime aussi…

55

PELLÉAS: Oh! Qu'as-tu dit, Mélisande!… Je ne l'ai presque pas entendu!… On a brisé la glace avec des fers rougis!… Tu dis cela d'une voix qui vient du bout du monde!… Je ne t'ai presque pas entendue… Tu m'aimes? — Tu m'aimes aussi?… Depuis quand m'aimes-tu?

MÉLISANDE: Depuis toujours… Depuis que je t'ai vu…

PELLÉAS: Oh! comme tu dis cela!… On dirait que ta voix a passé sur la mer au printemps!… je ne l'ai jamais entendue jusqu'ici… on dirait qu'il a plu sur mon cœur! Tu dis cela si franchement!… Comme un ange qu'on interroge!… Je ne puis pas le croire, Mélisande!… Pourquoi m'aimerais-tu? — Mais pourquoi m'aimes-tu? — Est-ce vrai ce que tu dis? — Tu ne me trompes pas? — Tu ne mens pas un peu, pour me faire sourire?…

MÉLISANDE: Non; je ne mens jamais; je ne mens qu'à ton frère…

PELLÉAS: Oh! comme tu dis cela!…Ta voix! ta voix… Elle est plus fraîche et plus franche que l'eau!… On dirait de l'eau pure sur mes lèvres!… On dirait de l'eau pure sur mes mains… Donne-moi, donne-moi tes mains… Oh! tes mains sont petites!… Je ne savais pas que tu étais si belle!… Je n'avais jamais rien vu d'aussi beau, avant toi… J'étais inquiet, je cherchais partout dans la maison… je cherchais partout dans la campagne… Et je ne trouvais pas la beauté… Et maintenant je t'ai trouvée!… Je t'ai trouvée!… Je ne crois pas qu'il y ait sur la terre une femme plus belle!… Où es-tu? — Je ne t'entends plus respirer…

MÉLISANDE: C'est que je te regarde…

PELLÉAS: Pourquoi me regardes-tu si gravement? — Nous sommes déjà dans l'ombre. — Il fait trop noir sous cet arbre. Viens dans la lumière. Nous ne pouvons pas voir combien nous sommes heureux. Viens, viens; il nous reste si peu de temps…

MÉLISANDE: Non, non; restons ici… Je suis plus près de toi dans l'obscurité…

PELLÉAS: Où sont tes yeux? — Tu ne vas pas me fuir?
— Tu ne songes pas à moi en ce moment.

MÉLISANDE: Mais si, mais si, je ne songe qu'à toi...

PELLÉAS: Tu regardais ailleurs...

MÉLISANDE: Je te voyais ailleurs...

PELLÉAS: Tu es distraite... Qu'as-tu donc? — Tu ne me
sembles pas heureuse...

MÉLISANDE: Si, si; je suis heureuse, mais je suis
triste...

PELLÉAS: On est triste, souvent, quand on s'aime...

MÉLISANDE: Je pleure toujours lorsque je songe à toi...

PELLÉAS: Moi aussi... moi aussi, Mélisande... Je suis
tout près de toi; je pleure de joie et cependant... *(Il
l'embrasse encore.)* — Tu es étrange quand je t'embrasse
ainsi... Tu es si belle qu'on dirait que tu vas mourir...

MÉLISANDE: Toi aussi...

PELLÉAS: Voilà, voilà... Nous ne faisons pas ce que
nous voulons... Je ne t'aimais pas la première fois que je
t'ai vue...

MÉLISANDE: Moi non plus... J'avais peur...

PELLÉAS: Je ne pouvais pas regarder tes yeux... Je
voulais m'en aller tout de suite... et puis...

MÉLISANDE: Moi, je ne voulais pas venir... Je ne sais
pas encore pourquoi, j'avais peur de venir...

PELLÉAS: Il y a tant de choses qu'on ne saura jamais...
Nous attendons toujours; et puis... Quel est ce bruit? —
On ferme les portes!...

MÉLISANDE: Oui, on a fermé les portes...

PELLÉAS: Nous ne pouvons plus rentrer! — Entends-tu
les verrous! — Ecoute! écoute!... les grandes chaînes!...
Il est trop tard, il est trop tard!...

MÉLISANDE: Tant mieux! tant mieux! tant mieux!

PELLÉAS: Tu?... Voilà, voilà!... Ce n'est plus nous qui
le voulons!... Tout est perdu, tout est sauvé! tout est
sauvé ce soir! — Viens! viens... Mon cœur bat comme un
fou jusqu'au fond de ma gorge... *(Il l'enlace.)* Ecoute!

écoute! mon cœur est sur le point de m'étrangler... Viens! Viens!... Ah! qu'il fait beau dans les ténèbres!...

MÉLISANDE: Il y a quelqu'un derrière nous!...

PELLÉAS: Je ne vois personne...

MÉLISANDE: J'ai entendu du bruit...

PELLÉAS: Je n'entends que ton cœur dans l'obscurité...

MÉLISANDE: J'ai entendu craquer les feuilles mortes...

PELLÉAS: C'est le vent qui s'est tû tout à coup... Il est tombé pendant que nous nous embrassions...

MÉLISANDE: Comme nos ombres sont grandes ce soir!...

PELLÉAS: Elles s'enlacent jusqu'au fond du jardin... Oh! qu'elles s'embrassent loin de nous!... Regarde! Regarde!...

MÉLISANDE, *d'une voix étouffée:* A-a-h! — Il est derrière un arbre!

PELLÉAS: Qui?

MÉLISANDE: Golaud!

PELLÉAS: Golaud? — où donc? — je ne vois rien...

MÉLISANDE: Là... au bout de nos ombres...

PELLÉAS: Oui, oui; je l'ai vu... Ne nous retournons pas brusquement...

MÉLISANDE: Il a son épée...

PELLÉAS: Je n'ai pas la mienne...

MÉLISANDE: Il a vu que nous nous embrassions...

PELLÉAS: Il ne sait pas que nous l'avons vu... Ne bouge pas; ne tourne pas la tête... Il se précipiterait... Il restera là tant qu'il croira que nous ne savons pas... Il nous observe... Il est encore immobile... Va-t'en, va-t'en tout de suite par ici... Je l'attendrai... Je l'arrêterai...

MÉLISANDE: Non, non, non!...

PELLÉAS: Va-t'en! va-t'en! Il a tout vu!... Il nous tuera!...

MÉLISANDE: Tant mieux! tant mieux! tant mieux!...

PELLÉAS: Il vient! il vient!... Ta bouche!... Ta bouche!...

MÉLISANDE: Oui!... oui!... oui!...

Ils s'embrassent éperdument.

PELLÉAS: Oh! oh! Toutes les étoiles tombent!...
MÉLISANDE: Sur moi aussi! sur moi aussi!...
PELLÉAS: Encore! Encore!... donne! donne!...
MÉLISANDE: Toute! toute! toute!...

Golaud se précipite sur eux l'épée à la main, et frappe Pelléas, qui tombe au bord de la fontaine. Mélisande fuit épouvantée.

MÉLISANDE, *fuyant:* Oh! oh! Je n'ai pas de courage!...
Je n'ai pas de courage!...

Golaud la poursuit à travers le bois, en silence.

ACTE CINQUIÈME

SCÈNE I
Une salle basse dans le château

On découvre les servantes assemblées, tandis qu'au dehors des enfants jouent devant un des soupiraux de la salle.

UNE VIEILLE SERVANTE: Vous verrez, vous verrez, mes filles; ce sera pour ce soir. — On nous préviendra tout à l'heure…

UNE AUTRE SERVANTE: Ils ne savent plus ce qu'ils font…

TROISIÈME SERVANTE: Attendons ici…

QUATRIÈME SERVANTE: Nous saurons bien quand il faudra monter…

CINQUIÈME SERVANTE: Quand le moment sera venu, nous monterons de nous-mêmes…

SIXIÈME SERVANTE: On n'entend plus aucun bruit dans la maison…

SEPTIÈME SERVANTE: Il faudrait faire taire les enfants qui jouent devant le soupirail.

HUITIÈME SERVANTE: Ils se tairont d'eux-mêmes tout à l'heure.

NEUVIÈME SERVANTE: Le moment n'est pas encore venu…

Entre une vieille servante.

LA VIEILLE SERVANTE: Personne ne peut plus entrer dans la chambre. J'ai écouté plus d'une heure… On entendrait marcher les mouches sur les portes… Je n'ai rien entendu…

60

PREMIÈRE SERVANTE: Est-ce qu'on l'a laissée seule dans sa chambre?

LA VIEILLE SERVANTE: Non, non; je crois que la chambre est pleine de monde.

PREMIÈRE SERVANTE: On viendra, on viendra, tout à l'heure...

LA VIEILLE SERVANTE: Mon Dieu! Mon Dieu! Ce n'est pas le bonheur qui est entré dans la maison... On ne peut pas parler, mais si je pouvais dire ce que je sais...

DEUXIÈME SERVANTE: C'est vous qui les avez trouvés devant la porte?

LA VIEILLE SERVANTE: Mais oui, mais oui; c'est moi qui les ai trouvés. Le portier dit que c'est lui qui les a vus le premier; mais c'est moi qui l'ai réveillé. Il dormait sur le ventre et ne voulait pas se lever. — Et maintenant il vient dire: C'est moi qui les ai vus le premier. Est-ce que c'est juste? — Voyez-vous, je m'étais brûlée en allumant une lampe pour descendre à la cave. — Qu'est-ce que j'allais donc faire à la cave? — Je ne peux plus me rappeler. — Enfin, je me lève à cinq heures; il ne faisait pas encore très clair; je me dis, je vais traverser la cour, et puis, je vais ouvrir la porte. Bien; je descends l'escalier sur la pointe des pieds et j'ouvre la porte comme si c'était une porte ordinaire... Mon Dieu! Mon Dieu! Qu'est-ce que je vois! Devinez un peu ce que je vois!...

PREMIÈRE SERVANTE: Ils étaient devant la porte?

LA VIEILLE SERVANTE: Ils étaient étendus tous les deux devant la porte!... Tout à fait comme des pauvres qui ont faim... Ils étaient serrés l'un contre l'autre comme des petits enfants qui ont peur... La petite princesse était presque morte, et le grand Golaud avait encore son épée dans le côté... Il y avait du sang sur le seuil...

DEUXIÈME SERVANTE: Il faudrait faire taire les enfants... Ils crient de toutes leurs forces devant le soupirail...

TROISIÈME SERVANTE: On n'entend plus ce qu'on dit...

QUATRIÈME SERVANTE: Il n'y a rien à faire; j'ai déjà essayé, ils ne veulent pas se taire…

PREMIÈRE SERVANTE: Il paraît qu'il est presque guéri?

LA VIEILLE SERVANTE: Qui?

PREMIÈRE SERVANTE: Le grand Golaud.

TROISIÈME SERVANTE: Oui, oui; on l'a conduit dans la chambre de sa femme. Je les ai rencontrés, tout à l'heure, dans le corridor. On le soutenait comme s'il était ivre. Il ne peut pas encore marcher seul.

LA VIEILLE SERVANTE: Il n'a pas pu se tuer; il est trop grand. Mais elle n'est presque pas blessée et c'est elle qui va mourir… Comprenez-vous cela?

PREMIÈRE SERVANTE: Vous avez vu la blessure?

LA VIEILLE SERVANTE: Comme je vous vois, ma fille. — J'ai tout vu, vous comprenez… Je l'ai vue avant tous les autres… Une toute petite blessure sous son petit sein gauche… Une petite blessure qui ne ferait pas mourir un pigeon. Est-ce que c'est naturel?

PREMIÈRE SERVANTE: Oui, oui; il y a quelque chose là-dessous…

DEUXIÈME SERVANTE: Oui, mais elle est accouchée il y a trois jours…

LA VIEILLE SERVANTE: Justement!… Elle a accouché sur son lit de mort; est-ce que ce n'est pas un grand signe? — Et quel enfant! L'avez-vous vu? — Une toute petite fille qu'un pauvre ne voudrait pas mettre au monde… Une petite figure de cire qui est venue beaucoup trop tôt… une petite figure de cire qui doit vivre dans de la laine d'agneau… oui, oui; ce n'est pas le bonheur qui est entré dans la maison…

PREMIÈRE SERVANTE: Oui, oui; c'est la main de Dieu qui a remué…

TROISIÈME SERVANTE: C'est comme le bon seigneur Pelléas… où est-il? — Personne ne le sait…

LA VIEILLE SERVANTE: Si, si; tout le monde le sait… Mais personne n'ose en parler… On ne parle pas de

on cherche à enlever
l'essentiel

ceci... on ne parle pas de cela... on ne parle plus de rien... on ne dit plus la vérité... Mais moi, je sais qu'on l'a trouvé au fond de la fontaine des aveugles... mais personne, personne n'a pu le voir... Voilà, voilà, on ne saura tout cela qu'au dernier jour...

PREMIÈRE SERVANTE: Je n'ose plus dormir ici...

LA VIEILLE SERVANTE: Quand le bonheur est dans la maison, on a beau se taire...

TROISIÈME SERVANTE: Il vous trouve tout de même...

PREMIÈRE SERVANTE: Ils ont peur de nous maintenant...

DEUXIÈME SERVANTE: Il se taisent tous...

TROISIÈME SERVANTE: Ils baissent les yeux dans les corridors.

QUATRIÈME SERVANTE: Ils ne parlent plus qu'à voix basse.

CINQUIÈME SERVANTE: On dirait qu'ils ont commis le crime tous ensemble...

SIXIÈME SERVANTE: On ne sait pas ce qu'ils ont fait...

SEPTIÈME SERVANTE: Que faut-il faire quand les maîtres ont peur?...

Un silence.

PREMIÈRE SERVANTE: Je n'entends plus crier les enfants.

DEUXIÈME SERVANTE: Ils se sont assis devant le soupirail.

TROISIÈME SERVANTE: Ils sont serrés les uns contre les autres.

LA VIEILLE SERVANTE: Je n'entends plus rien dans la maison...

PREMIÈRE SERVANTE: On n'entend plus même respirer les enfants...

LA VIEILLE SERVANTE: Venez, venez; il est temps de monter...

Elles sortent toutes, en silence.

SCÈNE II
Un appartement dans le château

*On découvre Arkël, Golaud et le médecin dans
un coin de la chambre. Mélisande est étendue sur
son lit.*

LE MÉDECIN: Ce n'est pas de cette petite blessure
qu'elle se meurt; un oiseau n'en serait pas mort... ce n'est
donc pas vous qui l'avez tuée, mon bon seigneur; ne vous
désolez pas ainsi... Elle ne pouvait pas vivre... Elle est
née sans raison... pour mourir; et elle meurt sans raison...
Et puis, il n'est pas dit que nous ne la sauverons pas...

ARKEL: Non, non; il me semble que nous nous taisons
trop, malgré nous, dans sa chambre... Ce n'est pas un bon
signe... Regardez comme elle dort... lentement, lentement... on dirait que son âme a froid pour toujours...

GOLAUD: J'ai tué sans raison! Est-ce que ce n'est pas à
faire pleurer les pierres!... Ils s'étaient embrassés comme
des petits enfants... Ils s'étaient simplement embrassés.
Ils étaient frère et sœur... Et moi, moi tout de suite!... Je
l'ai fait malgré moi, voyez-vous... Je l'ai fait malgré
moi...

LE MÉDECIN: Attention; je crois qu'elle s'éveille...

MÉLISANDE: Ouvrez la fenêtre... ouvrez la fenêtre...

ARKEL: Veux-tu que j'ouvre celle-ci, Mélisande?

MÉLISANDE: Non, non; la grande fenêtre... c'est pour
voir...

ARKEL: Est-ce que l'air de la mer n'est pas trop froid ce
soir?

LE MÉDECIN: Faites, faites...

MÉLISANDE: Merci... Est-ce le soleil qui se couche?

ARKEL: Oui; c'est le soleil qui se couche sur la mer; il
est tard. — Comment te trouves-tu, Mélisande?

64

MÉLISANDE: Bien, bien. — Pourquoi demandez-vous cela? Je n'ai jamais été mieux portante. — Il me semble cependant que je sais quelque chose...

ARKEL: Que dis-tu? — Je ne te comprends pas...

MÉLISANDE: Je ne comprends pas non plus tout ce que je dis, voyez-vous... Je ne sais pas ce que je dis... Je ne sais pas ce que je sais... Je ne dis plus ce que je veux...

ARKEL: Mais si, mais si... Je suis tout heureux de t'entendre parler ainsi; tu as eu un peu de délire ces jours-ci, et l'on ne te comprenait plus... Mais maintenant, tout cela est bien loin...

MÉLISANDE: Je ne sais pas... — Etes-vous tout seul dans la chambre, grand-père?

ARKEL: Non; il y a encore le médecin qui t'a guérie...

MÉLISANDE: Ah...

ARKEL: Et puis il y a encore quelqu'un...

MÉLISANDE: Qui est-ce?

ARKEL: C'est... il ne faut pas t'effrayer... Il ne te veut pas le moindre mal, sois-en sûre... Si tu as peur, il s'en ira... Il est très malheureux...

MÉLISANDE: Qui est-ce?

ARKEL: C'est... c'est ton mari... c'est Golaud...

MÉLISANDE: Golaud est ici? Pourquoi ne vient-il pas près de moi?

GOLAUD, *se traînant vers le lit:* Mélisande... Mélisande...

MÉLISANDE: Est-ce vous, Golaud? Je ne vous reconnaissais presque plus... C'est que j'ai le soleil du soir dans les yeux... Pourquoi regardez-vous les murs? Vous avez maigri et vieilli... Y a-t-il longtemps que nous ne nous sommes vus?

GOLAUD, *à Arkël et au médecin:* Voulez-vous vous éloigner un instant, mes pauvres amis... Je laisserai la porte grande ouverte... Un instant seulement... Je voudrais lui dire quelque chose; sans cela je ne pourrais pas mourir... Voulez-vous? — Allez jusqu'au bout du corri-

65

dor; vous pouvez revenir tout de suite... Ne me refusez pas cela... Je suis un malheureux... *(Sortent Arkël et le médecin.)* — Mélisande, as-tu pitié de moi, comme j'ai pitié de toi?... Mélisande?... Me pardonnes-tu, Mélisande?...

MÉLISANDE: Oui, oui, je te pardonne... Que faut-il pardonner?

GOLAUD: Je t'ai fait tant de mal, Mélisande... Je ne puis pas te dire le mal que je t'ai fait... Mais je le vois, je le vois si clairement aujourd'hui... depuis le premier jour... Et tout ce que je ne savais pas jusqu'ici, me saute aux yeux ce soir... Et tout est de ma faute, tout ce qui est arrivé, tout ce qui va arriver... Si je pouvais le dire, tu verrais comme je le vois!... Je vois tout, je vois tout!... Mais je t'aimais tant!... Je t'aimais trop!... Mais maintenant, quelqu'un va mourir... C'est moi qui vais mourir... Et je voudrais savoir... Je voudrais te demander... Tu ne m'en voudras pas?... Je voudrais... Il faut dire la vérité à quelqu'un qui va mourir... Il faut qu'il sache la vérité, sans cela il ne pourrait pas dormir... Me jures-tu de dire la vérité?

MÉLISANDE: Oui.

GOLAUD: As-tu aimé Pelléas?

MÉLISANDE: Mais oui; je l'ai aimé. Où est-il?

GOLAUD: Tu ne me comprends pas? — Tu ne veux pas me comprendre? — Il me semble... Il me semble... Eh bien, voici: Je te demande si tu l'as aimé d'un amour défendu?... As-tu... avez-vous été coupables? Dis, dis, oui, oui, oui?...

MÉLISANDE: Non, non; nous n'avons pas été coupables. — Pourquoi demandez-vous cela?

GOLAUD: Mélisande!... dis-moi la vérité pour l'amour de Dieu!

MÉLISANDE: Pourquoi n'ai-je pas dit la vérité?

GOLAUD: Ne mens plus ainsi, au moment de mourir!

MÉLISANDE: Qui est-ce qui va mourir? — Est-ce moi?

GOLAUD: Toi, toi! et moi, moi aussi, après toi!... Et il nous faut la vérité... Il nous faut enfin la vérité, entends-tu!... Dis-moi tout! Dis-moi tout! Je te pardonne tout!...

MÉLISANDE: Pourquoi vais-je mourir? — Je ne le savais pas...

GOLAUD: Tu le sais maintenant!... Il est temps! Il est temps!... Vite! vite!... La vérité! la vérité!...

MÉLISANDE: La vérité... la vérité...

GOLAUD: Où es-tu? — Mélisande! — Où es-tu? — Ce n'est pas naturel! Mélisande! Où es-tu? Où vas-tu? *(Apercevant Arkël et le médecin à la porte de la chambre.)* — Oui, oui; vous pouvez rentrer... Je ne sais rien; c'est inutile... Il est trop tard; elle est déjà trop loin de nous... Je ne saurai jamais!... Je vais mourir ici comme un aveugle!...

ARKEL: Qu'avez-vous fait? Vous allez la tuer...

GOLAUD: Je l'ai déjà tuée...

ARKEL: Mélisande...

MÉLISANDE: Est-ce vous, grand-père?

ARKEL: Oui, ma fille... Que veux-tu que je fasse?

MÉLISANDE: Est-il vrai que l'hiver commence?

ARKEL: Pourquoi demandes-tu cela?

MÉLISANDE: Parce qu'il fait froid et qu'il n'y a plus de feuilles...

ARKEL: Tu as froid? — Veux-tu qu'on ferme les fenêtres?

MÉLISANDE: Non, non... jusqu'à ce que le soleil soit au fond de la mer. — Il descend lentement, alors c'est l'hiver qui commence?

ARKEL: Oui. — Tu n'aimes pas l'hiver?

MÉLISANDE: Oh! non. J'ai peur du froid — Ah! J'ai peur des grands froids...

ARKEL: Te sens-tu mieux?

MÉLISANDE: Oui, oui; je n'ai plus toutes ces inquiétudes...

ARKEL: Veux-tu voir ton enfant?

MÉLISANDE: Quel enfant?

ARKEL: Ton enfant. — Tu es mère... Tu a mis au monde une petite fille...

MÉLISANDE: Où est-elle?

ARKEL: Ici...

MÉLISANDE: C'est étrange... je ne puis pas lever les bras pour la prendre...

ARKEL: C'est que tu es encore très faible... Je la tiendrai moi-même; regarde...

MÉLISANDE: Elle ne rit pas... Elle est petite... Elle va pleurer aussi... J'ai pitié d'elle...

La chambre est envahie, peu à peu, par les servantes du château, qui se rangent en silence le long des murs et attendent.

GOLAUD, *se levant brusquement:* Qu'y a-t-il? — Qu'est-ce que toutes ces femmes viennent faire ici?

LE MÉDECIN: Ce sont les servantes...

ARKEL: Qui est-ce qui les a appelées?

LE MÉDECIN: Ce n'est pas moi...

GOLAUD: Pourquoi venez-vous ici? — Personne ne vous a demandées... Que venez-vous faire ici? — mais qu'est-ce que donc? — Répondez!...

Les servantes ne répondent pas.

ARKEL: Ne parlez pas trop fort... Elle va dormir; elle a fermé les yeux...

GOLAUD: Ce n'est pas?

LE MÉDECIN: Non, non; voyez, elle respire...

ARKEL: Ses yeux sont pleins de larmes. — Maintenant c'est son âme qui pleure... Pourquoi étend-elle ainsi les bras? — Que veut-elle?

LE MÉDECIN: C'est vers l'enfant sans doute. C'est la lutte de la mère contre la mort...

GOLAUD: En ce moment? — En ce moment? — Il faut le dire, dites! dites!

LE MÉDECIN: Peut-être...

GOLAUD: Tout de suite?... Oh! Oh! Il faut que je lui dise... — Mélisande! Mélisande!... Laissez-moi seul! laissez-moi seul avec elle!...

ARKEL: Non, non; n'approchez pas... Ne la troubles pas... Ne lui parlez plus... Vous ne savez pas ce que c'est que l'âme...

GOLAUD: Elle ferme les yeux...

ARKEL: Attention... Attention... Il faut parler à voix basse. — Il ne faut plus l'inquiéter... L'âme humaine est très silencieuse... L'âme humaine aime à s'en aller seule... Elle souffre si timidement... Mais la tristesse, Golaud... mais la tristesse de tout ce que l'on voit!... Oh! oh! oh!...

En ce moment, toutes les servantes tombent subitement à genoux au fond de la chambre.

ARKEL, *se tournant:* Qu'y a-t-il?

LE MÉDECIN, *s'approchant du lit et tâtant le corps:* Elles ont raison...

Un long silence.

ARKEL: Je n'ai rien vu. — Etes-vous sûr?...

LE MÉDECIN: Oui, oui.

ARKEL: Je n'ai rien entendu... Si vite, si vite... Tout à coup... Elle s'en va sans rien dire...

GOLAUD, *sanglotant:* Oh! oh! oh!

ARKEL: Ne restez pas ici, Golaud... Il lui faut le silence, maintenant... Venez, venez... C'est terrible, mais ce n'est pas votre faute... C'était un petit être si tranquille, si timide et si silencieux... C'était un pauvre petit être mystérieux, comme tout le monde... Elle est là, comme si elle était la grande sœur de son enfant... Venez, venez... Mon Dieu! Mon Dieu!... Je n'y comprendrai

69

rien non plus… Ne restons pas ici. — Venez; il ne faut pas que l'enfant reste dans cette chambre… Il faut qu'il vive, maintenant, à sa place… C'est au tour de la pauvre petite…

Ils sortent en silence.

le drame n'ayant de recommencer, de se perpétuer

FIN

les êtres humains sont, sur cette terre, d'éternels naufragés : nous sommes embarqués dans la nuit, vers la nuit, venus d'où ne se sait où, partis pour on ne sait où.

La hantise de la Mort,
l'obsession d'un univers
spectral, ce questionnement
inlassable sur les mystères
de la destinée, voilà la
trame même de l'œuvre de
M. pendant fin de 60 ans.

Pelléas et Mélisande, *Maurice Maeterlinck, Mise en scène Henri Ronse, Bruxelles, Théâtre National de Belgique, 1976.*

Maurice Maeterlinck

Une musique de cuivre aux fenêtres des incurables, *Maurice Maeterlinck, Mise en scène Henri Ronse, Lille, le 24 novembre 82.*

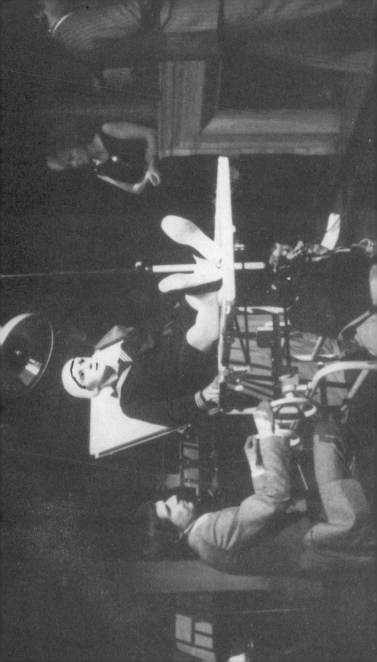

Maurice Maeterlinck, 1916.

LECTURE

de Christian LUTAUD
Maître-assistant à l'Université de Caen

Plus que d'autres œuvres, de Maeterlinck, *Pelléas et Mélisande* survit dans la mémoire des hommes. Privilège que ce texte partage avec *L'Oiseau bleu* et *La Vie des Abeilles*, associés encore au nom de l'illustre Gantois dans le souvenir du grand public. Toutefois, le cas de *Pelléas* n'est pas exempt d'ambiguïté. Il mérite donc une mise au point spécifique.

En effet, reconnaissons que c'est surtout la musique de Debussy qui a emporté jusqu'à nous, en cette fin de XXe siècle, la renommée de *Pelléas*. Pour l'immense majorité de nos contemporains, c'est au compositeur du *Prélude à l'après-midi d'un faune*, non à l'auteur de *L'Intruse*, que se relie *Pelléas*. Mais si le poème de Mallarmé vit encore d'un éclat souverain et autonome, il n'en va pas tout à fait de même pour la pièce de Maeterlinck. Aussi une confusion se perpétue-t-elle auprès du public: un hommage est apparemment rendu à la pièce, qui, en fait, s'adresse à l'opéra, et beaucoup plus, en tout cas, aux «broderies musicales» qu'au texte littéraire qui les a inspirées.

Or, de livret, il n'en est point. *Pelléas et Mélisande* fut *d'abord*, et seulement, une pièce, un texte non voué a priori à la musique. Si l'écrivain accorde tout de suite au

71

musicien français les droits d'utilisation de son texte, c'est sans trop y attacher d'attention, dans le feu du succès, et l'enthousiasme de sa récente notoriété. Il n'envisage nullement comment la postérité en viendra à lui «voler» son œuvre. Ou plutôt il ne va le soupçonner que trop bien... mais aussi trop tard: en 1902.

Sur le plan très concret des représentations de *Pelléas*, on constate la même équivoque. L'opéra de Debussy est joué constamment sur les grandes scènes lyriques du monde entier. Mais quant à la pièce elle-même, on est loin du compte. A part quelques courageuses reprises, comme celle de M. Henri Ronse naguère, au festival de Spa et à Bruxelles, il semble bien que la flamme du souvenir ne soit plus guère entretenue que d'une main hésitante, et encore (Paris capitulant) à l'intérieur des seules frontières du pays natal de l'écrivain.

Et pourtant, prétendre, comme il est de bon ton chez les cuistres et les nouveaux précieux, que le texte de Maeterlinck est «daté», «vieilli», «suranné», etc... etc..., alors que, par opposition, la musique de Debussy est éternelle, en ce qu'elle a de novateur, de révolutionnaire, de résolument et décidément «moderne», n'est qu'imposture. D'ailleurs nombreux sont toujours ceux qui ont reconnu que les génies de Maeterlinck et de Debussy n'ont pas à être départagés, la puissance d'évocation de la musique ne faisait que souligner la fulgurance poétique du tissu verbal initial. La grand musicologue suisse Emile Vuillermoz l'a constamment répété, ainsi qu'aujourd'hui encore le philosophe Vladimir Jankélévitch. Le metteur en scène et directeur de l'Opéra du Rhin à Strasbourg, René Terrasson, qui vient de consacrer un bel ouvrage en hommage à la pièce, le répète à son tour. Comme le disait Robert Kemp: «Le musicien n'a certes pas «dévoré» le poète, comme on l'a dit si faussement! Ils se sont fondus l'un avec l'autre; le poète a provoqué l'éclosion définitive du génie du musicien; et le génie du musicien nous a permis de mesurer, avec une tendre précision, la beauté des textes «maeterlinckiens». D'en admirer les purs miracles.»

On peut aller plus loin dans ce procès en révision: ne pas craindre d'affirmer qu'en soi, isolément, la pièce de Maeterlinck, laissée au seul pouvoir enchanteur de ses mots et de ses répliques, constitue un chef-d'œuvre incomparable, un de ces «phares» obligés qui se relaient dans la longue histoire de la littérature, et où nous devons reconnaître le point de convergence lumineux d'un homme, d'un art et d'une époque *Pelléas* existe bien par elle-même, sans Debussy, et mérite d'être célébrée comme telle.

LE THÉÂTRE DE LANGUE FRANÇAISE
À L'ÉPOQUE

Pour saisir la portée révolutionnaire d'une pièce comme *Pelléas et Mélisande*, dans les années 1892-1893, il importe de rappeler dans quel contexte théâtral elle s'inscrivait.

Quels sont les auteurs qui triomphent? D'abord ceux qui font rire, comme Edouard Pailleron avec ses comédies de mœurs, Courteline avec une bouffonnerie comme *Boubouroche* (l'année même de création de *Pelléas*!), cette même année où Victorien Sardou amuse tout Paris avec sa comédie historique *Madame Sans-Gêne*. Qui prend la succession de l'académisme d'un Ponsard, de la comédie bourgeoise de Labiche et d'Emile Augier ou de la «tranche de vie» à la sauce sentimentale illustrée par Dumas fils? Si l'on continue à jouer ces bons vieux auteurs, d'autres garantissent la perpétuation de ces genres traditionnels, tels G. de Porto Riche, bientôt E. Rostand. Assurent également la relève Henry Fèvre, Eugène Brieux, qui veut faire un théâtre «utile» abordant des problèmes sociaux et moraux, de grands sujets d'actualité, ou encore François de Curel, visant à un théâtre social d'idées.

Remarquons que l'année même de publication de *Pelléas et Mélisande*, 1892, le Théâtre Libre crée ses deux premières pièces, *L'Envers d'une sainte* et *Les Fossiles*, ainsi que *Blanchette* d'Eugène Brieux. Parmi les gros succès, méritent d'être cités également ceux de Georges Feydeau, né la même année que Maeterlinck, et qui, à l'âge où celui-ci publie *Pelléas*, fait représenter *Monsieur chasse*. Du côté des auteurs qui se veulent «sérieux», on n'en est pas moins aux antipodes de l'univers maeterlinckien. Les écrits de Zola sur *Le Naturalisme au théâtre* ont exercé une influence certaine. A. Antoine, qui a fondé le *Théâtre-Libre*, a le souci primordial de reconstituer sur scène les moindres détails de la vie quotidienne, pour recréer un «milieu». C'est en réaction contre ce type de théâtre que Maeterlinck écrit.

Au théâtre naturaliste, au drame enraciné dans son époque, et à la tranche de vie, *Pelléas*, sommet du théâtre symboliste, opposera l'univers du mystère et de l'inconnu, transposé dans un Moyen-Age onirique. Au théâtre engagé succède un poème dramatique fondé sur la rêverie et les thèmes éternels de la mort et de la passion amoureuse. A la clarté il substitue le clair-obscur, les ombres indécises et les crépuscules ouatés. En réaction contre le moralisme des «pièces à thèse», voici un drame qui se moque du siècle et de ses mœurs, et qui se situe «au delà du bien et du mal». Enfin, méprisant le théâtre d'amusement et de distraction qui fait florès à l'époque, l'auteur de *Pelléas* impose la tragédie intemporelle de l'Irréversible et de la Nostalgie.

L'EXPLOSION LITTÉRAIRE EN BELGIQUE

On ne peut comprendre non plus l'importance de *Pelléas*, sans relier la parution et la représentation de cette pièce à la véritable renaissance — pour ne pas dire naissance — des Lettres françaises de Belgique dans les années 1880-1890, qui s'illustre particulièrement dans le domaine symboliste. Des éditeurs, comme Deman ou Lacomblez, jouissent d'ailleurs d'une notoriété qui dépasse de loin l'espace culturel de la Belgique. Mallarmé ne se fait-il pas éditer à Bruxelles? En sens inverse, avant même Maeterlinck, Rodenbach, Verhaeren, Mockel, sont venus à Paris, portant avec eux la gloire de cette jeune littérature. De prestigieuses revues sont nées, comme *La Jeune Belgique* ou *La Wallonie*. Elles s'assignent pour but de promouvoir la littérature belge de langue française et exercent une influence égale à celle de bien de leurs sœurs parisiennes d'alors.

Quant aux œuvres, poésies (Iwan Gilkin, Albert Giraud, G. Rodenbach, E. Verhaeren, A. Mockel), romans (Rodenbach), essais (Gilkin, Mockel, Rodenbach), elles s'égrènent d'année en année, affirmant ainsi concrètement la vitalité croissante, la valeur et l'originalité du Symbolisme d'origine belge. Seul le théâtre, à part une timide et honorable tentative de Van Lerberghe, se fait encore un peu désirer, cette zone de tranquillité éphémère rendant plus fracassante encore en sa soudaineté la formidable révolution maeterlinckienne.

MAETERLINCK JUSQU'À PELLÉAS

Il importe maintenant d'examiner l'écrivain, à cette étape décisive de sa vie et de sa carrière. Quand Maeterlinck publie *Pelléas*, il a trente ans. C'est un tournant décisif, et une manière de couronnement. Auparavant, il a publié, sans grand succès, quelques nouvelles; sa traduction de Ruysbroeck précédée d'une copieuse *Introduction*; et surtout plusieurs drames, *La Princesse Maleine, L'Intruse, Les Aveugles, Les Sept Princesses*. Ces drames ont pour caractère commun d'être placés sous le signe de la mort. Une fatalité terrible plane au-dessus de personnages pitoyables réduits à l'état de marionnettes balbutiantes et impuissantes. L'audience de ces œuvres aurait peut-être continué à se limiter aux frontières d'un cercle chaleureux mais étroit des symbolistes, comme ce fut le cas pour *L'Intruse* et *Les Aveugles*, jouées au Théâtre de l'Art en 1891, si n'avait éclaté, le 24 août 1890, le coup de tonnerre d'un article d'Octave Mirbeau, publié en première page du *Figaro*. *La Princesse Maleine* n'était-elle pas «l'œuvre la plus géniale de ce temps», et son auteur placé au-dessus de Shakespeare? Dès lors, la réputation de Maeterlinck était faite. Elle irait s'amplifiant. La période 1890-1892 est donc celle du «décollage» vers la gloire, justifiée d'ailleurs car c'est alors que Maeterlinck prend la pleine mesure de son génie, possédé qu'il est par toute sa puissance créatrice. En ce sens, *La Princesse Maleine* est un peu le brouillon de *Pelléas*.

L'évolution *intérieure* de Maeterlinck se dessine également plus nettement à cette époque. Oubliées les crises de mysticisme débridé du temps des *Visions typhoïdes*, ou les hésitations esthétiques dont témoignait l'art poétique de *Serres chaudes*. Le futur auteur de *Pelléas* devine que désormais c'est au théâtre qu'il pourra donner sa pleine mesure. Vers la trentaine, l'écrivain a déjà acquis une culture littéraire et philosophique gigantesque. Quelques grandes secousses spirituelles l'ont initialement ébranlé: Villiers, Ruysbroeck, Novalis. Mais ce sont aussi Carlyle, Emerson, Browning, Coleridge, Swinburne, Whitman, les Elisabéthains anglais comme Ford et Webster ou les Préraphaélites comme Morris ou Rossetti, qui semblent désormais n'avoir plus de secrets pour lui, et qui nourriront son œuvre jusqu'à sa mort (en 1949).

LES IDÉES DE MAETERLINCK SUR LE THÉÂTRE ET SUR LE SYMBOLISME

Pour terminer ce panorama, il convient de faire le point sur les conceptions littéraires de l'écrivain, et notamment vis-à-vis du mouvement et de l'esthétique symbolistes et dans le domaine dramaturgique. Nous disposons pour ce faire non seulement de notes et de manuscrits d'Essais non publiés, mais aussi d'interviews et d'articles, eux, publiés dans les journaux de l'époque.

Maeterlinck lui-même définit d'abord très bien sa conception du symbole dans sa réponse à une interview de Jules Huret, en été 1891. Au «symbole *a priori*», au «symbole de *propos délibéré*» qui «part de l'abstraction et tâche de revêtir d'humanité ces abstractions», il oppose «l'autre espèce de symbole» qui «serait plutôt inconscient, aurait lieu à l'insu du poète, souvent malgré lui, et irait, presque toujours, bien au delà de sa pensée: c'est le symbole de toute création géniale d'humanité.» A l'allégorie, froide et univoque, Maeterlinck préfère donc la puissance de suggestion et la dynamique autonome du symbole, toujours irréductible à une seule interprétation.

En ce qui concerne l'esthétique théâtrale, dès septembre 1890, Maeterlinck reprenait à son compte dans un article de *La Jeune Belgique*, des idées qui flottaient dans l'air du temps, qui avaient notamment illustré Mallarmé sur le caractère injouable du véritable théâtre symboliste, qui suppose l'absence de tout acteur en chair et en os, et qui serait détruit «à cause d'éléments accidentels humains». L'auteur semblait donc souhaiter un théâtre de rêve, en tout cas un «théâtre dans un fauteuil». Mais, dès 1891, Maeterlinck semble bien décidé à changer quelque peu de registre et, à se débarasser de l'étiquette morbide qu'on lui a collée depuis *La Princesse Maleine*, *L'Intruse*, *Les Aveugles*, etc... Il ne veut plus axer son prochain drame uniquement sur la mort. Et il est vrai que, même si la passion amoureuse parcourt furtivement *La Princesse Maleine* et *Les Sept Princesses*, c'est avec *Pelléas et Mélisande* seulement qu'elle s'impose comme un thème souverain, d'importance égale à celui de la mort, même si les deux sont intrinsèquement liés.

Le 18 novembre 1891, Maeterlinck écrit à Verhaeren qu'il rédige un drame passionnel qui, il l'espère, le débarrassera du label de «poète de la terreur». Onze jours plus tard, c'est aux lecteurs de la revue *L'Art moderne* que Maeterlinck avoue son désir de réorientation. *Les Sept Princesses* n'étaient que «la dernière piécette de cette trilogie de la mort que je voudrais clore désormais». Il va même jusqu'à dessiner les contours de ce que serait ce nouveau théâtre, «une espèce de théâtre où, par delà les caractères tant épuisés, je voudrais pouvoir rendre visibles certaines attitudes secrètes des êtres dans l'inconnu.» La pièce sur quoi il travaille actuellement? C'est «un drame simplement et banalement passionnel afin de me tranquilliser»!

RÉDACTION, PUBLICATION, REPRÉSENTATIONS

L'étude attentive des ébauches, images, réflexions, bribes de dialogues, notées au jour le jour par l'écrivain, indique d'ailleurs, outre la primauté de l'*image* et le caractère *circulaire* de la construction de la pièce, la prééminence des deux scènes cardinales, celle du rendez-vous nocturne à la fontaine (IV,4) et celle de la mort de Mélisande (V,2).

Il semble que l'écrivain ait particulièrement travaillé son texte, sa rédaction est toutefois assez rapide puisqu'elle s'échelonne de la seconde moitié de l'année 1891 et au tout début de l'année 1892.

Et dès juin 1892, paraît l'édition originale : *Pelléas et Mélisande, Drame lyrique en cinq actes* chez Paul Lacomblez, Editeur, Bruxelles. Pour la première fois, Maeterlinck a introduit dans une pièce une chanson de scène.

La représentation ne tarde pas. Sur le conseil de Camille Lemonnier, Lugné-Poe forme, en effet, dès la fin de l'année 1892 le projet de monter Pelléas. Puis, il décide, avec Camille Mauclair à partir de la fin avril 1893, de faire représenter le drame en dehors de toute direction théâtrale. Maeterlinck, depuis la Belgique, communique à ses amis les instructions les plus précises (choix des acteurs, couleur des costumes, des décors, éclaircissements psychologiques pour l'interprétation des rôles, etc...). Il fait aussi à plusieurs reprises le voyage de Paris pour régler la distribution des rôles et les détails de la mise en scène.

81

Plusieurs personnalités, Rachilde, Tristan Bernard, Henri de Régnier, Robert de Rothschild, apportent leur soutien à cette entreprise. Et le 12 mai Maeterlinck arrive à Paris pour superviser les dernières répétitions de sa pièce et assister à sa représentation. Celle-ci a lieu le 17 mai 1893 et donne lieu à une interview de Jules Huret dans *Le Figaro*.

La première mondiale se donne en matinée à 13 h 30 dans la salle des «Bouffes-Parisiens». Elle inaugure le tout nouveau «Théâtre de l'Œuvre» de Lugné-Poe. Fait remarquable, c'est la première fois qu'une pièce de Maeterlinck est donnée isolée à Paris (*L'Intruse*, puis *Les Aveugles*, avaient été insérées dans un programme très chargé). Ceci, en soi, prouve la montée du prestige de l'auteur. Le peintre Paul Vogler s'est chargé des décors, Lugné-Poe et Mauclair affirment tous les deux avoir dessiné les costumes. Ces costumes sont inspirés, entre autres, de portraits de Memling et des illustrations post-préraphaélites des albums de Walter Crane. La mise en scène se veut sobre mais saisissante, recréant un climat shakespearien. La lumière tombe du haut des cintres, elle est tamisée et nimbe des nuances grisâtres parmi les ombres. La scène est séparée de l'assistance par un mince voile de gaze. Gabriel Fabre a composé la chanson de Mélisande (choisie par l'actrice). Le public rassemble une élite du temps. Ce sont en grande partie les admirateurs les plus fervents de Maeterlinck, mais ils sont cette fois-ci massivement représentés. Sont présents des poètes comme Mallarmé ou Henri de Régnier, des peintres comme Whistler et Jacques-Emile Blanche, des musiciens comme Debussy. Les détracteurs de Maeterlinck ont eux aussi fourni un contingent musclé! Quant à Maeterlinck lui-même qui assiste pour la première fois à la première d'une de ses pièces, il se borne à arpenter le quartier. Le public applaudit toutefois de bon gré au spectacle. L'accueil de la critique est mitigé. Alhaiza, directeur du Théâtre du Parc, à Bruxelles, qui avait assisté à la première de *Pelléas*, invite toutefois l'Œuvre à donner immédiatement deux représentations, les 5 et 7 juin, dans la capitale belge. C'est l'échec. Un certain conformisme bourgeois du public se rebiffe face à un tel sursaut de l'Idéal et de la Poésie. Gustave Frédérix éreinte la pièce dans *L'Indépendance belge*. Même son de cloche dans *Le Patriote*. Ce rejet sera peut-être un des éléments qui pousseront Maeterlinck à quitter son pays dès 1897 pour s'établir en France. Par la suite, pourtant, la réception belge à Pelléas se fera plus ouverte. La Hollande, elle, est plus favorable. L'accueil de l'œuvre de Maeterlinck sera toujours plus mitigé, en terre francophone, qu'à l'étranger. Ainsi, si *Pelléas* est créé à Londres, sans grand succès, par la troupe de l'Œuvre en mars 1895, les neuf représentations de *Pelléas* à Londres, au «Prince of Wale's Theatre», trois ans plus tard, constituent un véritable triomphe.

Le 12 février 1899, c'est la création allemande, à Berlin, au «Neues Theater». Et, le 14 janvier 1902, L'Amérique découvre *Pelléas*, avec l'accompagnement de Gabriel Fauré, et Mrs P. Campbell dans le rôle-titre, au «Victoria Theatre» de New York.

LES SOURCES

Ce rapport aux mondes non francophones ne concerne pas seulement la réception de l'œuvre mais sa composition. Tant il est vrai qu'on se trouve face à un écrivain littéralement fécondé par ses lectures, notamment étrangères. Mais si les emprunts étaient encore perceptibles dans *La Princesse Maleine*, rien de tel ici alors que les apports ont été pourtant plus nombreux encore. Ils sont toutefois devenus invisibles, car ils se sont dissous, discrètement et naturellement, dans l'univers poétique qui les incorpore en les soumettant à ses lois propres et à son gouvernement souverain. Comme il est hors de question de dresser le relevé de toutes les expériences esthétiques dont *Pelléas* a su capter le sillage, on s'attachera surtout aux grandes *structures,* notamment des *archétypes légendaires* ou *mythiques* qui convergent, coïncident ou se chevauchent, et nourrissent la substance textuelle.

Le thème du *«Liebestod»*, lié au triangle fatal amant-épouse-mari trompé, qu'on retrouve dans la pièce, est vieux comme le monde... ou en tout cas comme le cycle arthurien, dont Maeterlinck était familier. A cet égard, plus que de la tragique histoire de Marke, Tristan et Isolde, c'est plutôt de l'épisode, de structure d'ailleurs quasi similaire, des amours de Guenièvre et Lancelot, que Maeterlinck a dû être imprégné, et ce probablement à un filtre intercesseur: celui des *Idylls of the King* de Tennyson, poète révéré par l'auteur de Pelléas. Tennyson avait écrit sa propre «Arthuriad», dont l'un des volumes, paru en 1869, s'intitule précisément *Pelleas and Ettarre*. La filiation ne peut être plus claire.

Si le Pelléas maeterlinckien est homonyme de son ancêtre anglais, Golaud, lui, nous met sur la piste de Golo, personnage d'une vieille légende médiévale, la fameuse histoire populaire de *Geneviève de Brabant*. Mais le «Golaud» jaloux et oppresseur de Maeterlinck ne fait désormais plus qu'un avec l'époux de la victime tandis que le nom de l'héroïne, Geneviève, s'est conservé et déplacé puisqu'il désigne chez Maeterlinck un personnage devenu annexe, la mère de Pelléas et de Golaud.

Si le thème est peut-être parvenu à Maeterlinck à travers le romantisme allemand (Tieck, *Vie et mort de sainte Geneviève*, écrit en 1799), à la même époque Maeterlinck a découvert le théâtre indien, et prise, notamment, Kâlidâsa. Or l'œuvre maîtresse de cet écrivain, *L'Anneau de Sakountalâ*, présente également d'incontestables affinités avec *Pelléas*. Le roi Doushmanta ne découvre-t-il pas, dès la première scène, la jeune Sakountalâ, dont il tombe amoureux? Il rattache son bracelet, et par la suite épouse Sakountalâ et lui donne un anneau. Le couple royal est alors victime d'un maléfice, Doushmanta ne reconnaissant plus Sakountalâ; et celle-ci ne peut désormais briser le sortilège qu'en produisant aux yeux de son mari le fatidique anneau nuptial. Or la malheureuse l'a perdu au bain.

On peut donc d'emblée constater la présence active — et en superposition — de diverses réminiscences littéraires. Car il y a une évidente parenté de structure dans les systèmes de couples Doushmanta/Sakountalâ, Golo/Geneviève, Golaud/Mélisande. A cette utilisation accentuée du thème littéraire traditionnel de la répudiation cruelle de la femme soupçonnée à tort d'infidélité, et de sa variante (l'amnésie momentanée de l'amant ou de l'époux, victime d'un maléfice), Maeterlinck ajoute des réminiscences shakespeariennes, issues d'*Othello* ou de *Macbeth*.

Une réplique comme «Oui, oui; versez l'eau, versez toute l'eau du déluge; vous n'en viendrez jamais à bout...» est une quasi citation de Shakespeare. On pourrait aussi citer Poe et la Bible. L'Américain est présent, notamment par le souvenir de *La Chute de la Maison Usher*, (en particulier dans les descriptions par Golaud du château lézardé et menacé d'une corrosion souterraine), tandis que la Bible se profile à travers le schème originel des deux *frères ennemis*, Abel et Caïn?

D'innombrables concours, aux modes d'insertion variés, mais jamais négligeables, étayent ceux que nous venons d'indiquer. Nous ferons un sort particulier à deux œuvres anglaises; l'une, de William Morris (écrivain chéri par Maeterlinck à cette époque): *The Life and Death of Jason*. L'auteur de *Pelléas* pouvait retrouver, dans cette mouture préraphaélite de la légende de Jason et du cycle des Argonautes, le thème des frères ennemis. On y trouve Pélias, usurpateur du trône de son frère Eson. L'autre ouvrage est un vieux roman d'origine française, *Valentin et Orson*, connu à travers une version anglaise illustrée pour enfants, *Valentine and Orson*, dont Maeterlinck, faisait ses délices dans les années 80-90. Si le nom de l'héroïne, Bellisant, consonne curieusement avec celui de Mélisande, on trouve en outre des parentés de structure puisque s'y dessinent le thème de l'épouse abusivement répudiée par son mari, celui de l'innocence injustement persécutée, et celui de l'épouse enceinte qui accouche dans des conditions traumatisantes.

LES PERSONNAGES

Camille Mauclair disait de Maeterlinck, qu'il préférait «aux personnages de réalité anecdotique, le personnage de signification symbolique.» Il faut aller plus loin encore. S'il y a bien unité de chaque personnage, celle-ci ne repose plus sur un critère seulement — ni vraiment — psychologique. Elle est instaurée par une sorte de *leitmotiv* musical ou imaginal. Prenons Golaud qu'on ne peut réduire au «type littéraire» du jaloux (platement calqué, par exemple, sur le modèle Othello).

Il se confond d'ailleurs, dans la pièce, avec un autre emploi typé, romanesque et dramatique, celui du traître, du conseiller perfide, et de l'espion amoureux (le «losengier», si l'on veut, de la littérature médiévale française). Ne croyons pas non plus nous tirer d'affaire en invoquant une sorte de symbolisme intégral: un Golaud représentant la Mort, la Fatalité, le Mal poursuivant l'innocence, ou, inversement, une image pitoyable de la déréliction humaine, etc. .. etc. .. En fait, Golaud se signale surtout par une *constellation symbolique convergente* (chasse, poursuite, affût, blessure).

Mélisande, de son côté, dont certains ont fait une frêle et languide princesse préraphaélite saisie par des vapeurs fin-de-siècle, d'autres, au contraire, une version déliquescente de l'éternelle coquette, voire de l'ingénue perverse, se dérobe à toutes ces tentatives d'étiquetages réductionnistes. Gardons-nous, du coup, de tomber dans le piège inverse, consistant à nimber l'héroïne d'une aura idéologique, philosophique ou métaphysique: Mélisande serait l'âme humaine, humble et soumise à la mort, ou bien l'Anima en face de l'Animus, l'Esprit rebelle à la Matière, etc. Mélisande n'est en fait ni le prototype de l'amante, ni l'archétype de la psyché, elle est un rêve mélodieux, nœud onirique de motifs fluants: vertige, fugacité, ondoiement, chevelure. Egrénant un vieux *lied*, la voici chant. Par son chant elle participe de l'animal (l'oiseau est l'animal chanteur) et de l'aquatique (l'eau est la Nature chanteuse). Créature d'essence ophélienne, elle trépasse sur un refrain, elle est un engloutissement mélodieux, une complainte noyée. Son être se situe au point de convergence de l'eau, de la féminité et de la romance. «Les mains pleines de fleurs», les cheveux accrochés aux branches d'un saule, Mélisande est décidément «ophélienne» au possible, une créature sur-déterminée poétiquement, elle est un foyer de résonnances littéraires.

Ceci même est résolument novateur, et pourtant l'auteur de *Pelléas* est plus subtil encore. Pour comprendre sa vertu d'ensorcellement, ici, il faut plonger avec lui dans la profondeur verbale du texte même; on y perçoit mieux le statut original des personnages maeterlinckiens. On n'a pas suffisamment pris conscience de l'importance *phonique* du langage, et en particulier des *noms* de personnes, chez l'écrivain gantois. Commentant un poème de Rossetti, il écrivait: «ainsi la femme est créée par les sons mêmes.» N'est-ce pas le cas de notre héroïne?

Aussi, plus profond même que tel souvenir littéraire, comment ne pas écouter dans le nom Mélisande, outre le souvenir de Mélusine, le modèle de la sirène mélodieuse mais captieuse, le *Melos* grec, le chant. Mieux, la commune destinée de mort «aquatique» des amants, réunis par la fontaine des Aveugles, elle est déjà en puissance dans une certaine homophonie du couple de noms: Pelléas/Mélisande, EL/EL, les deux syllabes liquides initiales se répondent. Les jeunes gens sont ainsi *déjà* liés *musicalement* dans notre inconscient acoustique. Quant aux deux phonèmes terminaux, LEAS/LIS, ils ont la même suavité sifflante, suggérant un *mouvement lisse*. «Pelléas» et «Mélisande», syllabe humide et syllabe labile, c'est à la fois un *élément* et un *mode de devenir*, c'est-à-dire une fluidité. L'accouplement musical est ainsi parachevé grâce à l'assonance du deuxième groupe syllabique; de sorte que chaque nom est une répercussion quasi parfaite de l'autre, et l'*intégration sonore* du couple est plus étroite encore. Par cette deuxième syllabe, le couple est uni, non plus seulement dans la liquidité harmonieuse, mais sur le mode du glissement, de l'effleurement. L'univers onirique où évoluent Pelléas et Mélisande n'est-il pas caractérisé essentiellement par des formes de fuites, de visions éphémères, d'apparitions évanescentes?

Golaud, de son côté, s'oppose d'emblée *phoniquement* à Pelléas. Le groupe consonantique GL ne suggère-t-il pas l'enGLoutissement virtuel, signe de la mort aquatique violente qui rôde dans toute la pièce? Ce bi-phonème lugubre est celui du *GL*as, celui, aussi, du san*GL*ot, alors que *Pe*L*l*éas est celui des *PL*eurs («C'est Pelléas. Il pleuré.»: telle est sa carte d'identité), et *Mé*L*i*sande celui des *L*ar*M*es («Ses yeux sont pleins de larmes.»).

La puissance de révélation phonique qui émane du nom d'Arkël, est tout aussi éclatante. La finale EL (qui le relie à *P*E*LL*éas et M*EL*isande) est le bi-phonème archétypal de la liquidité. Mais le radical ARK est une sorte de transcription phonétique simple de la racine grecque que l'on trouve dans «Arkhaios», «ancien». Ainsi la composition phonique même du nom «Arkël» est analogique du véritable statut dramatique du personnage; si les deux syllabes sont *juxtaposées* dans le nom, les symboles qu'elles induisent, eux, sont étroitement *mêlés* (interdépendants), et se spécifient mutuellement: ARK (+) EL signale en filigrane les *vieilles eaux,* et *un monde lui aussi ancien*

89

qui va s'écrouler de vieillesse dans les eaux profondes. Le nom d'«*Arkël*» induit l'idée d'un *engloutissement de vieillesse*, d'une *usure progressive par les eaux*.

UN FESTIVAL POLYSENSORIEL

On commence à comprendre que *Pelléas*, en 1892, ne se présente pas comme *un* art parmi d'autres arts. Le *Pelléas* de Maeterlinck vise en effet à réaliser le grand rêve des symbolistes: constituer une somme de tous les arts, être *à la fois* tragédie, peinture, danse et poème lyrique. Parole, couleur, rythme et mélodie doivent se fondre en une seule figure harmonique. Dans l'«universelle analogie», le Drame Idéal, gommant les trop extériorisantes incarnations, présence des acteurs, intrigue psychologique, épisodes contingents, doit se faire pure *consonance* symbolique, synchronie de sons, de gestes, de mouvements, et de nuances.

Grand *visuel*, Maeterlinck veille à ce que le rituel spectaculaire de la pièce s'impose au regard. Vl. Jankélévitch a ainsi raison de souligner à quel point il est nécessaire, au dernier acte, de respecter scrupuleusement le jeu de scène: ce cérémonial de l'arrivée silencieuse des servantes, leur alignement hiératique, puis leur soudain agenouillement simultané. Ce jeu de scène est capital. Il est uniquement visuel. C'est que Maeterlinck, lorsqu'il pense à ses personnages, les *voit* comme des figures peintes par Memlinck, Burne-Jones ou Walter Crane.

Mieux encore, l'écrivain suggère directement, soit par des indications scéniques, soit, beaucoup plus souvent, par des répliques de ses protagonistes, des jeux d'ombre et de lumière, à portée symbolique. Toute une étude mériterait d'être faite sur *la dramaturgie de l'ombre et de la lumière* dans la pièce. Pensons par exemple à la scène du navire (I,4) où sans cesse Mélisande, Geneviève, Pelléas, se situent, évoluent, par rapport à des zones d'ombre ou de lumière. Pelléas dit du «grand navire»: «nous le verrons tout à l'heure quand il entrera dans la bande de clarté». Plus tard, à la scène de la grotte, c'est soudain «la lune» qui «éclaire largement l'entrée et une partie des ténèbres». Le héros lui-même déclare: «Attendons que la lune ait déchiré ce grand nuage; elle éclairera toute la grotte».

La fameuse scène du rendez-vous, à l'acte IV, est, sur ce plan, tout à fait caractéristique: le contrepoint d'une dramatique d'ombre et de lumière accompagne la tension lyrique et tragique du dialogue amoureux. Pelléas invite d'abord Mélisande à ne pas rester «au bord du clair de lune». Il lui propose: «Viens ici, dans l'ombre du tilleul, mais elle répond: «Laissez-moi dans la clarté…» Un peu plus loin, c'est l'inverse: «Pelléas — / … / Viens dans la lumière. / … / Mélisande — Non, non; restons ici… Je suis plus près de toi dans l'obscurité.» Ce savant chassé-croisé de pénombre et de clarté fait partie intégrante de la pièce, l'élément visuel jouant en contrepoint du dialogue. L'effet le plus spectaculaire doit être celui des «grandes ombres» des amants qui «s'enlacent jusqu'au fond du jardin…»; l'image est prodigieuse: c'est presque déjà du cinéma!

Bien que rebelle à la musique, Maeterlinck s'affirme donc dans son drame tout aussi attentif aux jeux et aux modulations sonores qu'aux effets visuels. Il fait même entendre le silence («Il y a toujours un silence extraordinaire… On entendrait dormir l'eau…»). Mais déjà un frisson initial éveille les formes et anime les eaux. Des chants se font entendre, et ce sont ceux de la Nature, ceux de l'eau: «Entendez-vous la mer?… C'est le vent qui s'élève…». Le cosmos est une perpétuelle harmonie. Aussi les êtres sont à l'écoute de leurs pouls, attentifs à l'*écho* intérieur de toute créature: «J'entends battre ton cœur comme si c'était le mien...», dit Pelléas à Mélisande. On comprend que tout réveil de la vie s'exprime spontanément en phénomène *auditif.* Le premier souffle de vie est une *tonalité* qui se répercute: «Toute la maison semble déjà revivre, on entend respirer, on entend parler, on entend marcher...». Une *heure*, c'est un *timbre*: «Il est midi; j'entends sonner les cloches»... annonce Pelléas, midi... heure où tombent les bagues d'or: une chute est un écho, un écho une mélodie. Une eau qui éclabousse au passage d'une alliance devient une cloche qui tinte, car la musique naît des heures et des eaux à la fois.

Nous avons vu que le personnage vers qui convergent tous les désirs, Mélisande, était d'abord un *chant*, une mélodie, *Melos*. Sa voix «est plus fraîche et plus franche que l'eau». Par sa *franchise* dans l'aveu d'amour, signe de pureté d'âme, la voix de Mélisande participe de la *fraîcheur* des eaux printanières. Mais l'«eau printanière» est un chant qui gazouille, elle fredonne le couplet de la Nature épanouie. «Oh! comme tu dis cela!... *On dirait que ta voix a passé sur la mer au printemps!...* je ne l'ai jamais entendue jusqu'ici...», s'extasie Pelléas, comblé par la révélation de Mélisande. Sa propre voix à son tour, ne peut que se faire lyrique. La voix de la jeune femme a passé sur les eaux comme l'archet sur la corde du plus sensible, du plus fidèle des instruments, le violon du monde. Elle en a réveillé le chant englouti, engourdi, sous l'hiver du silence. Chez Maeterlinck, la voix n'a pas attendu Debussy pour devenir Chant.

Le décor même de la pièce est d'ailleurs cadre sonore, caisse de résonance pour tous les chants du monde. L'écho des grottes tonifie la litanie de la mer: «Est-ce le bruit de la grotte qui vous effraye? C'est le bruit de la nuit ou le bruit du silence... Entendez-vous la mer derrière nous?» *A l'unisson de tonalité*, les quatre soupirs de la grotte, de la nuit, du silence et de la mer, instrumentent une symphonie. Descendre vers les grottes marines, c'est toujours aller à l'écoute des voix, des chants trop longtemps étouffés de la Nature. L'oracle des eaux souterraines nous révèle la *clé d'harmonie de l'univers*. Tout devient musical au royaume d'Allemonde.

Déjà, dans son «*Cahier bleu*», Maeterlinck notait que «Les poèmes descendent dans l'histoire de combinaisons d'événements *à des combinaisons de sensations et de mots*».

Visions… chants… l'écriture maeterlinckienne sait même suggérer les odeurs. Dans les souterrains du château, Golaud interpelle son frère: «Sentez-vous l'odeur de mort qui monte?» Au sortir des souterrains, c'est au contraire la fraîcheur de parfums végétaux qui enivre Pelléas. Mais c'est un festival de toutes les sensations en harmonie que Pelléas suggère: fraîcheur aquatique, senteurs florales et végétales, jeux d'ombres et de lumières, tintements de cloches… toutes ces sensations sont en accord parfait, en accompagnent le personnage à ce stade de l'évolution dramatique.

DIALOGUE AU SECOND DEGRÉ
ET CONSTRUCTION EN ABÎME

Dans son Essai sur *Le Tragique quotidien* (1896), l'écrivain lui-même a très nettement précisé que le dialogue essentiel de ses personnages était celui qui est le moins directement perceptible. De son côté, plus tard, le peintre Kandinsky, dans *Du Spirituel dans l'Art*, a montré le rôle du *mot* chez Maeterlinck, le poids sonore et l'aura sémantique de chaque petite unité verbale. Des mots comme «clarté», «navire», «chevelure», sous la plume de Maeterlinck et dans la bouche des personnages, ont une puissance d'évocation incommensurable; ils déclenchent tout un processus onirique, alors même que ce sont des mots de tous les jours. D'autre part, un certain nombre de procédés, très simples eux aussi, jouent un rôle dans le même sens: les points de suspension suggèrent le nécessaire inachèvement de la phrase, du cri, de la question; les répétitions entonnent le refrain de la destinée circulaire et accordent secrètement les personnages.

Au delà du dialogue «normal» (fondé sur une psychologie classique, et la conduite d'une intrigue somme toute banale), nous entendons un autre langage, nous percevons un message infiniment plus prégnant. Ces réflexions imprévues et lourdes de sous-entendus, ces allusions voilées, ou ces échanges de répliques apparemment en porte à faux, laissent progressivement s'infiltrer en nous une impression profonde, faite de nostalgie, de douleur feutrée ou d'appels étouffés. Les bribes de dialogue incohérentes entre Golaud et Yniold, lorsque les questions précises du père se heurtent à des réponses absurdes ou énigmatiques, ne sont pas seulement un témoignage psychologique de la naïveté et de l'égocentrisme enfantins, elles traduisent le désarroi et la souffrance lancinante de Golaud torturé, bien au delà d'une simple jalousie passionnelle, par le doute et le mystère fondamental de la destinée. Mélisande, sur le lit où elle agonise, aura cet aveu surprenant: «Je ne comprends pas non plus tout ce que je dis / ... / Je ne sais pas ce que je dis... Je ne sais pas ce que je sais... Je ne dis plus ce que je veux...». Voici l'une des répliques clés de la pièce: non seulement les êtres sont fondamentalement désaccordés les uns avec les autres, mais ils le sont avec eux-mêmes, et leur propre langage les trahit: ne s'«appartenant plus», ils disent un mot de trop, ou, au contraire, ils ont parlé trop tard, ils n'ont pas su dire ce qu'il fallait quand il le fallait, le bonheur leur échappe comme leur langage.

C'est que ce petit drame passionnel des cœurs désaccordés, ce «trop tard» et ce «plus jamais» où s'enferment les amours malheureuses, Maeterlinck nous fait bien comprendre qu'il n'est qu'une ombre portée, la projection minuscule d'un drame immense et cosmique, véritable trou noir de la métaphysique où s'engouffrent les destinées humaines. Admirons, en ce sens, l'art maeterlinckien du *prolongement*, de l'*éloignement*, dans l'espace comme dans le temps. Mélisande a *déjà* souffert, a *déjà* vécu *avant* d'entrer en scène. On lui «a fait du mal». Elle «ne peut pas dire» qui lui a fait ce mal. Elle a *déjà* perdu sa couronne (de même que le seuil du château est *déjà* taché au lever du rideau... du sang de Golaud et Mélisande). Et à la fin, lorsque le rideau tombe, «c'est le tour de la pauvre petite...»: le drame va recommencer, il va se perpétuer. Infinie dans le temps, la tragédie l'est aussi dans l'espace. Ce petit monde clos d'*Allemonde*, c'est celui de *tous les mondes* ... et les vaisseaux qui y abordent viennent *de très loin*, par delà les tempêtes.

Lorsque Mélisande se meurt, le soleil disparaît progressivement sous les eaux: tout le cosmos agonise. Ce qui fait la puissance de suggestion mélancolique de ce drame, c'est cette *virtualité de prolongement à l'infini*, qui émane du texte, notamment vers l'infini du *passé*, et vers l'infini du *lointain*. Voilà qui nous souffle déjà à l'oreille le véritable sens de la pièce: symphonie de l'éternel éloignement, elle est l'éternelle rêverie de la mort.

RITUEL ET POÈME DE LA MORT

Ce drame est en effet grevé du plus lourd des sens, car le génie particulier de cette pièce réside en ce que la *forme* choisie coïncide parfaitement avec la *valeur de signification*. Celle-ci est si grave, si sombre l'ultime secret, que les mots se dérobent, exactement comme le sol sous nos pieds lorsque nous sommes pris de vertige: nous voici — au sens propre — dans le domaine de l'*ineffable*. Or le message, c'est le *dernier* message. Et qu'est-ce qui est inexprimable, par définition, si ce n'est la mort? L'*au-delà*, au sens littéral, c'est le domaine de la métaphysique et donc du *métalangage*. Nous avons affaire ici à un métalangage poétique. *Pelléas et Mélisande* célèbrent, en fait, le sempiternel drame de la mort, la tragédie d'entre les tragédies. C'est bien là ce qui donne à chaque scène, à chaque personnage, à chaque réplique, sa dynamique émotionnelle.

Certes, l'on meurt déjà beaucoup, très concrètement et très directement, dans cette pièce. D'emblée, le monde où s'agite nos personnages se nimbe d'une aura funèbre. L'ami de Pelléas, Marcellus, va mourir incessamment. Le père de Pelléas lui-même se meurt. Arkël a «besoin de beauté aux côtés de la mort...», etc. ... Et la pièce se termine très explicitement, nous dirions presque très prosaïquement, par la mort de Pelléas et de Mélisande.

Mais ceci n'est que la «face apparente» de ce drame de la mort. En fait la mort *trans-paraît* d'un bout à l'autre du poème. On peut dire de la pièce ce que Pelléas dit à Arkël de la lettre de Marcellus: elle «est si triste qu'on voit la mort entre les lignes». Mélisande est *déjà* en train de mourir au début du premier acte, elle sait de toute éternité qu'elle va mourir, elle devine qu'elle sera toujours séparée de Pelléas. Quant à celui-ci, *dès le début*, il est l'homme qui est-sur-le-point-de-partir, il «va partir» d'un bout à l'autre de la pièce. Très significativement, le premier acte se clôt sur cette discrète plainte funèbre de Mélisande, où percent l'amour et la nostalgie: «Oh! … pourquoi partez-vous?», réplique sublime, car il s'agit non seulement de l'éternelle question de l'éternelle amoureuse abandonnée, mais surtout de *La Question* fondamentale: pourquoi, un jour, sommes-nous destinés à être éternellement *séparés*? La grande séparation finale, l'ultime exil, telle est notre commune destinée funèbre. Lors du dernier rendez-vous à la fontaine, au moment de prononcer le fatidique aveu d'amour, Pelléas pré-colore cette tendre révélation de son indélébile teinte lugubre: «C'est peut-être la dernière fois que je te vois. Il faut que je m'en aille pour toujours…». Mélisande, elle-même, ne peut que souligner cette insistance de l'amant toujours sur le point de partir: «Pourquoi dis-tu toujours que tu t'en vas?…» Ce rendez-vous est le *dernier* rendez-vous. Non seulement cet amour était impossible, mais les amants *ne se rencontrent que pour se quitter*. Le rendez-vous n'existe qu'*en tant que dernier rendez-vous*, qu'en tant que *mode poignant du dernier adieu*. L'amour se pathétise de la mort, la mort se pathétise de l'amour.

Comment ne pas voir, d'autre part, dans le «grand navire» (ce «quelque chose» qui «sort du port») beaucoup plus que le simple bateau qui est venu amener Golaud et Mélisande au royaume d'Allemonde? Les personnages l'observent, fascinés par cette extraordinaire embarcation: «C'est un navire *étranger*. Il me semble plus grand que les nôtres…» «Il a de grandes voiles.» Et surtout, comme il est menacé (en même temps que virtuellement menaçant)! Ecoutons comme un présage funèbre ces allusions de Pelléas: «Nous aurons une tempête cette nuit / ... / et cependant la mer est si calme ce soir... On s'embarquerait sans savoir et l'on ne reviendrait plus...». Comme l'a dit Bachelard: *«La Mort ne fut-elle pas le premier Navigateur?»*

Un peu plus loin se poursuit, à mi-voix, la tragédie secrète du chavirement: «Pelléas — Il aura mauvaise mer cette nuit... Mélisande — Pourquoi s'en va-t-il?... On ne le voit presque plus... Il fera peut-être naufrage... Pelléas — La nuit tombe très vite.» C'est ici, dans les interstices du dialogue, qu'il faut entendre se préparer le vrai drame. Geneviève, commentant cet échange par un «Personne ne parle plus?... Vous n'avez plus rien à vous dire?», conforte, par *antiphrase*, le déplacement du sens qui vient d'être effectué sur une zone de plus grande densité émotionnelle. C'est lorsque chacun se tait, qu'«on n'a plus rien à se dire» que commence le vrai dialogue. Il nous dit, ce dialogue, que les êtres sont sur cette terre d'*éternels naufragés*, que nous sommes embarqués dans la nuit, vers la nuit, venus d'on ne sait où, partis pour on ne sait où. Ce Navire majestueux et mystérieux, n'est-il pas, au fond, le *Dernier* navire, celui qui nous emporte, telle la barque de Caron, de l'autre côté de l'Univers (là où s'arrête le monde connu et visible): le *dernier bateau* du *dernier voyage*. La Mort n'est-elle pas le *suprême naufrageur?*

Plus remarquable encore est le traitement du personnage de Golaud, l'homme-questionneur, l'éternel inquisiteur, celui qui-ne-se-lasse-pas-d'interroger, et notamment lors de la dernière scène du drame. Ici, Golaud intéresse plus Maeterlinck que Mélisande; ou plutôt Mélisande ne l'intéresse que dans la mesure où elle est le miroir lisse et tranquille où dérapent les questions de Golaud, l'insondable mystère où s'égare son angoisse, le mur opaque où se heurtent ses mots. Mélisande meurt, certes, mais ce qui hante Maeterlinck, c'est *La Mort* en soi et son *mystère* pour l'être d'ici-bas. Or, qui pourrait dire le message de la mort, qui pourrait donner la clé de l'Au-delà, le mystère de tous les mystères, sinon ce possible messager qu'est l'*être sur-le-point-de-mourir*? Le moment ultime, c'est l'instant privilégié entre tous, celui où l'être *va enfin savoir*. Seulement voilà, au moment même où il va savoir, où il sait, au moment où *il va pouvoir parler*, il est mort. Sa bouche se referme. L'ultime message, la clé du Grand Mystère, disparaît dans l'instant même où il allait apparaître. Et nous, restés sur la rive de la vie, penchés au-dessus du lit, interrogeant anxieusement le moribond, nous n'apprendrons rien de ce mystère de tous les mystères qu'est la mort. Qu'est-ce que la mort? Qu'y-a-t-il au delà? Où mène le voyage?

Dans sa dernière scène, Maeterlinck nous offre la représentation archétypale de l'*être-questionnant-l'être-sur-le-point-de-mourir*, et le Mystère de la mort, ineffable, cette grande déception de l'homme-questionneur, à laquelle répond seulement le silence. Par conséquent, derrière le trivial souci du mari, à la fois bourrelé de remords (J'ai tué! Trop tard! C'est irréparable!) et vaniteusement inquiet de savoir s'il a été trompé (nous sommes ici très proches du «drame bourgeois»), nous lisons, nous entendons, à un niveau plus profond, le *questionnement fondamental* de l'homme sur le mystère de la vie et de la mort. Le point d'orgue sur lequel se termine cette pièce, est-il le drame sublime du *Dernier Instant*, quand *tout se tait* soudain («Je n'ai rien entendu... Si vite, si vite... Tout à coup... Elle s'en va sans rien dire...»), cet inexprimable, cet infinitésimal instant où tout bascule, où l'univers se révulse, ce chavirement cosmique où tout est consommé. Alors, vient le *silence absolu*. Le Drame est terminé. Mais pour les vivants, restés sur la rive, la tragédie humaine, elle, continue, douloureuse: les témoins n'ont en fait *rien vu, rien entendu,* ils *ne comprennent pas*. Ils restent là, hébétés. Tout est *plus mystérieux* /t *que jamais*. Elle n'a rien pu dire. Elle s'est tue, ... et, cette fois-ci, pour toujours. Peut-être, d'ailleurs, n'y a-t-il rien à dire... Maeterlinck s'exprime toujours à la lisière du silence absolu, aux *confins de l'indicible*, tant il voudrait frôler le *langage de la mort*.

PORTÉE DE LA PIÈCE
DANS L'ŒUVRE DE MAETERLINCK

Cette hantise de la mort, cette obsession d'un univers spectral, ce questionnement inlassable sur les mystères de la destinée, constituent la trame même de l'œuvre maeterlinckienne pendant plus de soixante ans, du *Massacre des Innocents* à *Bulles bleues*. Il est donc insuffisant d'assigner une place à cette pièce en fonction de la seule séquence du «théâtre», ou du «premier théâtre».

Si l'on persiste toutefois à vouloir assigner à *Pelléas*, toujours, une situation précise dans ce «premier théâtre», il faut alors remarquer que *Pelléas et Mélisande* est à rapprocher plus particulièrement de deux pièces: *La Princesse Maleine* et *Alladine et Palomides*. Nous avions qualifié plus haut la première de «brouillon de *Pelléas*»; la seconde en serait plutôt un doublet, une variante. En effet, dans les trois cas nous avons en gros le même schéma dramatique passionnel de base: deux amants contrariés par la Fatalité, l'amour porté à son plus haut degré s'accomplissant dans la mort. Cependant, alors que *Maleine* est encore toute bruissante des échos indiscrets de Shakespeare, alors qu'*Alladine* démarque trop ostensiblement Villiers de l'Isle-Adam, *Pelléas*, elle, si nourrie pourtant de courants étrangers, domine parfaitement les emprunts qu'elle a intégrés. Ajoutons également une supériorité dans l'écriture, plus simple, plus dépouillée. *Pelléas* ne recourt pas à l'abus des procédés (répétitions) de *Maleine*, ni aux préciosités un peu baroques d'*Alladine*.

Il faut souligner également, en ce qui concerne la

tonalité funèbre de la pièce, qu'à la différence des autres «drames de la mort» du premier théâtre, la tragédie de l'anéantissement de l'être n'est ici que très rarement introduite de façon explicite. Il n'y a guère d'effets directs. Dans *Pelléas*, la suggestion létale, si elle est *permanente*, est, curieusement, toujours *discrète*, sur le mode de l'imprégnation feutrée. C'est une sorte de moiteur funéraire qui imbibe littéralement toute la pièce, de la première à la dernière réplique. Chaque mot, chaque phrase, chaque question sollicite le Grand Drame Final. Toute couronne est mortuaire, toute embarcation est vouée au naufrage, tout soleil va se couchant, tout départ s'endeuille d'un adieu, toute rencontre est dernière rencontre, tout aveu est suprême aveu; quand midi sonne, c'est un glas; l'étreinte furtive des amants signe leur arrêt de mort en même temps qu'elle le consacre. Le bonheur lui-même est triste.

D'une telle persistance émotionnelle, d'une telle constance de l'ambiguïté et d'une telle subtilité d'évocation, seul *Pelléas* peut témoigner. Il y a des beautés dans *Maleine* ou dans *Alladine*, mais il n'y a pas cette continuité d'un style qui, sans la moindre scorie, charrie avec lui un tel poids de tristesse et de nostalgie.

Si l'univers spectral de *Pelléas* est celui de toute l'œuvre maeterlinckienne, l'écrivain, lui, sera, tel Golaud, l'éternel questionneur qui recouvra ensuite aussi à l'essai pour arriver à ses fins. Il cherchera à percer *Le Grand Secret*, tentera de comprendre, *Avant le Grand Silence*, quel est le mystère de *L'Autre Monde*, il frappera inlassablement à *La Grande Porte* (souvenons-nous de la première scène, celle du portier, et de la porte qui s'ouvre si difficilement). L'atmosphère étouffante d'Allemonde, l'obscurité impénétrable de ses forêts, le climat lourd et empoisonné de ses souterrains, ... n'avons-nous pas là toutes les caractéristiques de la *Weltanschauung* maeterlinckienne? Car, même dans *Pelléas* ce n'est pas l'idée, la pensée, ou l'esthétique dramatique même, qui prime, mais bien plutôt une manière d'être-au-monde, une sensation de suffocation, et un appel obsédant vers le dehors, vers l'infini, l'au delà.

Ce qui est premier, c'est cette aspiration lancinante, ce geste douloureux, freiné, réticent, et pourtant désespérément tendu vers un but qui se dérobe sans cesse. Souvenons-nous, à la scène finale de la pièce, de cette remarque de Mélisande, à qui l'on tend son enfant: «C'est étrange... je ne peux pas lever les bras pour la prendre...». Et, un peu plus loin, Arkël remarque: «Pourquoi étend-elle ainsi les bras?» Nous avons là concrètement représentée sur scène, l'*attitude maeterlinckienne par excellence*, l'être-au-monde de Maeterlinck. En ce sens, non seulement cette scène, mais aussi la pièce *Pelléas et Mélisande* en son entier, est comme le symbole de toute l'œuvre de Maeterlinck, de toute sa pensée et de toute sa création littéraire qui n'est que ce geste douloureux et désespéré d'une âme engourdie, d'un être paralysé, qui se réveille, qui esquisse un mouvement vers la lumière et vers la vie, et tend ses bras vers l'Idéal inaccessible.

PELLÉAS ET LA SENSIBILITE D'AUJOURD'HUI

On a souvent rapproché ce type de dramaturgie des œuvres d'un Ionesco ou surtout d'un Beckett. Il existe, en effet, quelques similitudes dans le langage souvent incohérent, les répliques absurdes, l'aspect statique de ce théâtre moderne. Ce rapprochement s'impose toutefois plus avec des pièces comme *L'Intrus* ou *Les Aveugles* qu'avec *Pelléas*. Mieux vaudrait sans doute parler d'*affinités* ou de *confluences* d'inspiration plutôt que d'influence directe. Il faut par contre souligner le rapport de cet art avec l'esthétique d'un Bob Wilson (*Le Regard du Sourd*), privilégiant le visuel et le rituel au détriment du verbe, jouant sur l'effet de lenteur et la convergence sensorielle.

Mais c'est au *cinéma* que l'on perçoit, chez quelques grands auteurs, une sorte de prolongement de l'esthétique maeterlinckienne telle qu'elle s'exprime dans *Pelléas*. (Maeterlinck s'intéressa d'ailleurs au cinéma et écrivit nombre de scénarios, pour Hollywood.) Ainsi Dreyer est imprégné de la même lenteur hiératique, du même sens du mystère silencieux et peu à peu révélé. Parmi les modernes, on peut citer Bergman (*Le Silence, Persona, A travers le miroir*, etc...) ou Antonioni (à travers des films comme *Le Cri, L'Avventura, La Nuit, L'Eclipse*). En Belgique, l'héritage cinématographique de *Pelléas* est assuré par A. Delvaux (qui monta d'ailleurs l'opéra de Debussy au TRM), voire un Kümel. En France, une Marguerite Duras (*Moderato Cantabile*), un Alain Resnais (*L'Année dernière à Marienbad*), ont su, eux aussi, communiquer les mystères de l'attente, la poésie de la nostalgie et l'indicible échec du langage intersubjectif humain.

Si Maeterlinck ne goûtait guère la musique, en revanche la peinture le fascinait. On retrouve aujourd'hui chez Magritte ses yeux d'ombre et de lumière, comme chez P. Delvaux sa hantise des attentes nostalgiques : les *gares* ne sont-elles pas les *ports* de notre modernité ? De Chirico, avec ses places désertes, ses ombres portées gigantesques, suggère aussi l'ineffable mystère quotidien, le silence, l'absence, et ses tableaux sont une perpétuelle mise en scène d'un *Pelléas* qui se jouerait dans le décor de quelque mélancolique piazza italienne, à la fin d'une belle après-midi d'automne.

On peut se demander quel est en fait le lien secret qui associe dans notre inconscient culturel Delvaux, Chirico ou Bergman à l'auteur de *Pelléas* ? N'est-ce pas un sentiment très particulier qui se dégage de la lecture ou de la contemplation de telles œuvres, émanant déjà de *Pelléas*, et qui plonge ses racines plus profondément que dans l'appel à tel type d'esthétique ou à l'orchestration de tels jeux thématiques ? Il s'agit selon nous d'un être-au-monde, peut-être plus inconscient que lucidement perçu par le créateur. Etre-au-monde où l'enfant abandonné remplace le héros où prédomine le sentiment d'inquiétante étrangeté analysé, à Vienne, par un contemporain de Maeterlinck, Sigmund Freud.

A notre sens *Pelléas* apparaît comme l'ancêtre primordial du sentiment d'«inquiétante étrangeté», qui est peut-être le dénominateur commun de toute une partie de l'art et de la littérature modernes, de Kafka à Beckett, de Kubin à Magritte et à Chirico, de Bergman à Antonioni, etc... L'univers n'est ni réaliste, ni merveilleux : il est extraordinaire dans son ordinaire, insolite dans sa banalité, fantastique dans sa familiarité. Bref, il est *étrange*, et le poète a pour charge de nous *inquiéter*, c'est-à-dire de nous remuer intérieurement, nous éveiller, en soulignant cette étrangeté. C'est ce que l'auteur de *Pelléas* n'a cessé de faire à travers son obsession du tragique quotidien.

QUELQUES JUGEMENTS SUR *PELLÉAS*

● «Il semble que soit jouée une variation supérieure sur l'admirable vieux mélodrame. Silencieusement presque et abstraitement au point que dans cet art, où tout devient musique dans le sens propre, la partie d'un instrument même pensif, violon, nuirait, par inutilité.»

Stéphane Mallarmé.

● «On pourrait réunir tous ces drames sous le nom de *Drames de la Mort* car ils ne contiennent rien d'autre que des heures d'agonie et sont la confession d'un poète voyant dans la mort l'unique chose sûre, l'unique certitude quotidienne et désespérante de notre vie.»

Rainer Maria Rilke.

● «Son théâtre est bientôt tout un monde où les personnages traditionnels du théâtre reparaissent évoqués par le dedans. La fatalité inconsciente du drame antique devient chez Maeterlinck la raison d'être de l'action. Les personnages sont des marionnettes agitées par le destin.»

Antonin Artaud.

● «Maeterlinck a travaillé aux confins de la poésie et du silence, au minimum de la voix, dans la sonorité des eaux dormantes.

Gaston Bachelard.

● «... Une simplicité presque toujours naturelle, sans ce voile, ou si l'on veut cette gaze symboliste qui nous paraît souvent artificielle, surajoutée, dans *Les Sept Princesses*, par exemple, ou *La Princesse Maleine*. Certes *Pelléas* n'échappe pas tout à fait à cette sorte de déformation, mais on l'oublie pour ne porter son attention que sur la fraîcheur poétique et les beautés morales de l'ouvrage.»

Franz Hellens.

● «Souvenez-vous! Relisons par exemple *Pelléas et Mélisande*, au moment où Golaud dans une crise de jalousie, vient de maltraiter Mélisande, le vieux roi Arkël s'écrie: «Si j'étais Dieu, j'aurais pitié du cœur des hommes!» et ces quelques paroles font monter le drame à la hauteur du génie.»

Marie Gevers.

● «Il n'est question que de départ et de séparation dans cette *Bérénice* centrifuge dont les héros ne peuvent rester réunis et doivent nécessairement se disperser. / ... / Mélisande et Pelléas ne peuvent pas vivre ensemble. Mélisande et Pelléas sont voués au désespoir de la dernière heure. *Pelléas et Mélisande* est tout entier ce drame de l'absurde aventure: la rencontre fatidique de Golaud et de Mélisande dans la forêt du premier acte et, à la fin du quatrième, l'ultime entrevue de Mélisande et de Pelléas se font écho; l'ivresse tragique de la dernière fois répond à l'étrangeté de la première.

Vladimir Jankélévitch.

ÉLÉMENTS BIOGRAPHIQUES

1862 : Naissance à Gand, le 29 août.

1874 : Entre chez les Jésuites, au collège Sainte-Barbe.

1881 : Entame des études de Droit à l'Université de Gand.

1883 : Publie ses premiers vers dans *La Jeune Belgique*.

1885 : Termine ses études de Droit. Stagiaire chez Edmond Picard. Découvre Ruysbrœck l'Admirable.

1886 : À Paris, rencontre Villiers de l'Isle-Adam, qui l'oriente vers le symbolisme. Premiers poèmes des futures *Serres chaudes* dans *La Pléiade*.

1889 : Parution de *Serres chaudes* et de *La Princesse Maleine*.

1890 : Article d'Octave Mirbeau sur *La Princesse Maleine* dans *Le Figaro* du 24 août. Publie *L'Intruse* et *Les Aveugles*.

1891 : Publie *Les Sept Princesses* et sa traduction de *L'Ornement des noces spirituelles* de Ruysbrœck l'Admirable. Mort accidentelle de son frère Oscar, âgé de 24 ans.

1892 : Parution de *Pelléas et Mélisande*.

1894 : Publie *Trois petits drames pour marionnettes : Alladine et Palomides, Intérieur* et *La Mort de Tintagiles*. Préface la traduction des *Sept Essais* d'Emerson.

1895 : Rencontre Georgette Leblanc. Publie ses traductions de Novalis (*Les Disciples à Saïs,* suivis des *Fragments*).

1896 : En même temps que *Le Trésor des Humbles* paraissent *Aglavaine et Sélysette,* et un album de *Douze Chansons*.

1897 : S'installe à Paris, puis au presbytère de Cruchet Saint-Siméon.

1898 : Publie *La Sagesse et la Destinée*.

1901 : Parution de *La Vie des abeilles*. Querelles avec Debussy à propos de l'interprétation de *Pelléas et Mélisande*.

1902 : Publie *Monna Vanna*.

1905 : Commense à composer *L'Oiseau bleu*.

1907 : S'installe à Saint-Wandrille, une ancienne abbaye bénédictine en Normandie. Publie *L'Intelligence des fleurs*.

1908 : Achève *L'Oiseau bleu*, créé à Moscou.

1911 : Reçoit le Prix Nobel de littérature.

1915 : Tournée de conférences en Italie.

1918 : Rompt définitivement avec Georgette Leblanc.

1919 : Épouse Renée Dahon.

1920 : Tournée de conférences aux États-Unis.

1924 : S'installe au château de Médan.

1931 : Publication des *Souvenirs* de Georgette Leblanc. Maeterlinck s'installe à Orlamonde.

1932 : Anobli par le roi Albert, il reçoit le titre de comte.

1940-1942 : Deuxième voyage aux États-Unis.

1949 : Mort de Maeterlinck à Orlamonde, le 6 mai.

CHOIX BIBLIOGRAPHIQUE

AUTRES TEXTES DE MAETERLINCK

L'édition critique du Théâtre complet *de Maurice Maeterlinck est en préparation aux éditions Labor. Le premier volume de cette série est paru en novembre 1998 :* La Princesse Maleine, *édition critique établie par Fabrice van de Kerckhove. Bruxelles, Labor, 1998, coll. « Espace Nord » n° 147.*

Bulles bleues, Monaco, Éditions du Rocher, 1948.

Poésies complètes. Serres chaudes, Quinze Chansons, Neuf Chansons de la trentaine, Treize Chansons de l'âge mûr, éd. Joseph Hanse, Bruxelles, La Renaissance du Livre, 1965.

Théâtre (3 vol.), Paris, Fasquelle, 1901-1906. Réimpression par Slatkine Reprints (1 vol.), Genève, 1979.

Serres chaudes, Quinze chansons, La Princesse Maleine, Édition établie, présentée et annotée par Paul Gorceix, Paris, Gallimard, Collection Poésie, 1983.

Introduction à une psychologie des songes (1886-1896), éd. Stefan Gross, Bruxelles, Labor, 1985 (coll. « Archives du futur »).

Le Trésor des Humbles. Préface de Marc Rombaut. Lecture d'Alberte Spinette. Bruxelles, Labor, Espace Nord, 30, 1986.

La Vie de la nature : La Vie des abeilles, L'Intelligence des fleurs, La Vie des termites, La Vie des fourmis. Bruxelles, Complexe, 1997.

L'Intruse, Les Aveugles, Pelléas et Mélisande, Le Trésor des Humbles, dans La Belgique fin de siècle. Romans-Nouvelles-Théâtre, éd. Paul Gorceix, Bruxelles, Complexe, 1997.

La Mort de Tintagiles, Arles, Actes Sud, 1997 (coll. « Babel »).

ÉTUDES

A. Sur Pelléas et Mélisande

ANGELET, Christian éd., *Pelléas et Mélisande,* actes du colloque international de Gand, 27 novembre 1993, in *AFMM,* XXIX, 1994, p. 9-171. Contribution de Paul GORCEIX, Sophie LUCET, Christian ANGELET, Hermann SABBE, Delphine CANTONI, Sylvie SAUVAGE.

CITTI, Pierre, « Préface, commentaires, notes », in Maurice MAETERLINCK, *Pelléas et Mélisande,* Paris, Librairie Générale Française, 1989, p. 5-31, 113-151.

CITTI, Pierre éd., *Pelléas et Mélisande,* actes du colloque organisé au château de Loches le 25 mai 1990 par la Société d'études de la fin du XIXe siècle en Europe (Université de Tours), in *Littérature et Nation*, n° 2 de la 2e série, juin 1990, p. 1-114. Contribution de Paul GORCEIX, Christian BERG, Pierre CITTI, Serge GUT, Marie-Claire BELTRANDO-PATIER et C. GOUBAULT ; fragments des « Pelléastres » de Jean LORRAIN.

HOLTMEIER, A., « *Pelléas et Mélisande :* de l'anti-Tristan au contre mythe », *AFMM,* XXX, 1997, p. 109-148.

LUTAUD, Christian, « La musique de *Pelléas,* de Materlinck à Debussy » *AFMM,* XXIII, 1997, p. 35-58.

RONDELET, A., *Maurice Maeterlinck. Pelléas et Mélisande, Édition critique.* Mémoire de licence. Université Catholique de Louvain, septembre 1968.

ROSSO, François, « Pelléas et Mélisande : symbolique de la damnation », *Silences,* IV, 1987, p. 87-98.

SAMANA, Guy éd. *Pelléas et Mélisande,* numéro spécial de la revue *L'Avant-Scène Opéra,* Paris, Plon, 1977. N'aborde pas que la musique de Debussy, traite aussi du texte de Maeterlinck. On lira entre autres, le dialogue entre Guy Samana et Vladimir Jankélévitch.

SCHILLINGS, A., La Genèse de *Pelléas et Mélisande,* « *Audace* », 1970, volume 1, Bruxelles.

TERRASSON, R., *Pelléas et Mélisande ou l'Initiation,* EDIMAF Éditeur, Paris, 1982.

WOOD, Michael, « Les cheveux de Mélisande », *AFMM,* IV, 1958, p. 5-14.

B. Sur Maeterlinck en général

COMPERE, Gaston, *Le Théâtre de Maurice Maeterlinck,* Bruxelles, Palais des Académies, 1955.

COMPERE, Gaston, *Maurice Maeterlinck,* La Manufacture, Besançon, 1992.

DESCAMPS, Maryse, *Maurice Maeterlinck,* Bruxelles, Labor, 1986 (coll. « Un livre, une œuvre » n° 6).

GORCEIX, Paul, *Les affinités allemandes dans l'œuvre de M. Maeterlinck,* Paris, P.U.F., 1975.

HERMANS, Georges, *Les Premières Armes de Maurice Maeterlinck,* Gand, Imprimerie et Éditions Erasmus, 1967.

LUTAUD, Christian, « *Les Sept Princesses* ou la mort maeterlinckienne », *Les Lettres romanes,* XL, n° 3-4, août-novembre 1986, p. 255-273.

LUTAUD, Christian, « Le mythe maeterlinckien de l'Anneau d'or englouti », *AFMM,* XXIX, 1978, p. 57-119.

LUTAUD, Christian, « *Macbeth* dans l'œuvre de Maeterlinck », *AFMM,* XX-XXI, 1974-1975, p. 21-209.

LUTAUD, Christian, « Souvenirs shakespeariens dans le théâtre de Maeterlinck : l'exemple de *Joyzelle* et de *La Tempête* », *La Fenêtre ardente,* n° 2, 1974, p. 28-73.

Maurice Maeterlinck 1862-1962, Hanse, Joseph et Vivier Robert éd., Bruxelles, La Renaissance du livre, 1962.

PASQUIER, Alex, *Maurice Maeterlinck*, Bruxelles, La Renaissance du livre, 1963.

POSTIC, Marcel, *Maeterlinck et le symbolisme,* Paris, Nizet, 1970.

POUILLARD, Raymond, « Maurice Maeterlinck de 1889 à 1891 », *AFMM,* VIII, 1962, p. 11-37.

RYCKNER, Arnaud, *L'Envers du théâtre. Dramaturgie du silence de l'âge classique à Maeterlinck,* Paris, José Corti, 1996.

RYKNER, Arnaud, *Maurice Maeterlinck, Bibliographie critique,* Paris-Rome, Memini, 1998.

Univers Maeterlinck, catalogue d'exposition, Bruxelles, Ministère de la Culture française, Théâtre national de Belgique, 1976.

VAN DE KERCKHOVE, Fabrice, « Le Rite de Maeterlinck », in Maurice Maeterlinck, *Le Miracle de saint-Antoine,* avec le catalogue de la collection « Archives du Futur », Bruxelles, Labor, 1991, p. 55-88.

C. Sur le symbolisme

ARON, Paul, « La mort, les légendes et le conflit des générations chez Maurice Maeterlinck : une lecture politique du symbolisme belge », *The French Review,* vol. 68, n° 1, octobre 1994, p. 32-43.

BRAET, Herman, *L'Accueil fait au Symbolisme en Belgique, 1885-1900,* Bruxelles, Palais des Académies, 1967.

GORCEIX, Paul, « De la spécificité du Symbolisme belge », *Bulletin de l'Académie royale et de littérature françaises,* tome LVI, 1978, p. 77-106.

GORCEIX, Paul, *Le Symbolisme en Belgique.* Études de textes, Heidelberg. Carl Winter Universitätsverlag, 1982.

HANSE, Joseph, *Naissance d'une littératue,* Bruxelles, Labor, 1992 (coll. « Archives du futur »).

HURET, J., *Enquête sur l'évolution littéraire,* réédition Thot édit., Paris, 1982 (première édition, 1891).

La Belgique fin de siècle. Romans-Nouvelles-Théâtre, éd. Paul Gorceix, Bruxelles, Complexe, 1997.

LYSØE, Éric, *Les Kermesses de l'Étrange oui le Conte fantastique en Belgique du romantisme au symbolisme*, Paris, Librairie, A. G. Nizet, 1993.

MOCKEL, Albert, *Esthétique du symbolisme,* éd. Michel Otten, Bruxelles, Académie royale de Langue et de Littérature françaises, Palais des Académies, 1962.

PALACIO, Jean de, *Figures et formes de la Décadence,* Paris, Séguier, 1994.

PAQUE Jeannine, *Le Symbolisme belge,* Labor, Bruxelles, 1989 (coll. « Un livre, Une œuvre », 16).

Paris-Bruxelles / Bruxelles-Paris. Les relations artistiques entre la France et la Belgique, 1848-1914, éd. Anne Pingeot et Robert Hoozee, cat. exp., Paris, Réunion des Musées nationaux, 1997.

ROBICHEZ, Jacques, *Le Symbolisme au théâtre. Lugné-Pœ et les débuts de l'Œuvre,* Paris, L'Arche, 1957 (coll. « Reférences »).

SARRAZAC, Jean-Pierre, « Reconstruire le réel ou suggérer l'indicible », dans *Le Théâtre en France du Moyen Âge à nos jours,* éd. Jacqueline de Jomaron, Paris, Armand Colin, 1992, p. 705-730.

TABLE

Achevé d'imprimer en février 2000
sur les presses de l'imprimerie Campin
à Tournai - Belgique